中小学语文教学课程与应用研究

徐方亮　曹海龙　凌永祥 ◎ 著

吉林文史出版社

图书在版编目（CIP）数据

中小学语文教学课程与应用研究 / 徐方亮，曹海龙，凌永祥著 . -- 长春：吉林文史出版社，2024.3
ISBN 978-7-5752-0123-0

Ⅰ．①中… Ⅱ．①徐… ②曹… ③凌… Ⅲ．①语文课 —教学研究—中小学 Ⅳ．① G633.302

中国国家版本馆 CIP 数据核字 (2024) 第 062476 号

ZHONGXIAOXUE YUWEN JIAOXUE KECHENG YU YINGYONG YANJIU

书 名	中小学语文教学课程与应用研究
作 者	徐方亮　曹海龙　凌永祥
责任编辑	陈　昊
出版发行	吉林文史出版社有限责任公司
地 址	长春市福祉大路 5788 号
网 址	www.jlws.com.cn
印 刷	北京四海锦诚印刷技术有限公司
开 本	787mm×1092mm　16 开
印 张	9.75
字 数	220 千字
版 次	2024 年 3 月第 1 版　2024 年 3 月第 1 次印刷
定 价	52.00 元
书 号	ISBN 978-7-5752-0123-0

前　言

语文教学是中小学教育中的核心内容之一，也是培养学生语言表达能力、思维能力和文化素养的重要途径。随着社会的发展和变革，语文教育也面临着新的挑战和机遇。为了适应时代发展的需求，学校需要不断提升语文教学的质量以及效果。

基于此，笔者以"中小学语文教学课程与应用研究"为题，详细探讨语文教学的理论、中小学语文教学核心与设计、中小学语文课程教学的内容、中小学语文课程教学的方法、中小学语文教学的应用策略与思考、中小学语文教学的实践应用与延展。

本书有以下特点：

第一，多角度探讨中小学语文教学。本书从课程设计和教学方法两个方面展开研究，旨在帮助教师更好地设计和实施语文教学计划，提升学生的语文能力和综合素质，系统地总结和分享中小学语文教学领域的最新理论、方法和实践经验，为广大语文教师提供有价值的参考和指导。

第二，中小学语文教学的特色与理念。在课程设计方面，关注如何根据学生的年龄特点、认知发展水平和学习需求，合理设计和调整语文教学内容和目标。探讨如何在课程中，融入多样化的教学资源和活动，以激发学生的学习兴趣和主动性。同时，讨论如何评估和反馈学生的学习成果，以及如何进行课程改进和创新。

第三，中小学语文教学的应用。在教学方法方面，探索多种有效的教学策略和技巧，以促进学生的深层次学习和思考能力的培养。

在本书的写作过程中，笔者要向所有帮助完成本书的相关人员，表示最真挚的感谢和敬意，笔者的研究成果和见解可能存在着偏差和疏漏，非常欢迎读者提出宝贵的意见和建议，在读者的建议下，笔者会不断完善和改进研究成果。希望本书的内容，能够成为中小学语文教师的实用工具和良师益友，为他们的教学工作提供启示和支持。

目　录

第一章　语文教学的理论审视 1

　　第一节　语文教学的特点与理念 1

　　第二节　语文教学的语言与思维 13

　　第三节　语文教学的原则与目的 30

第二章　中小学语文教学核心与设计 **34**

　　第一节　语文教学设计的核心理论 34

　　第二节　语文教学目标与内容的设计 41

　　第三节　语文教学环节与方法的设计 43

　　第四节　语文教学评价及方式的设计 46

第三章　中小学语文课程教学的内容 **51**

　　第一节　语文识字与写字课程教学 51

　　第二节　语文口语交际课程的教学 60

　　第三节　语文阅读课程的教学分析 70

　　第四节　语文写话与习作课程教学 83

第四章　中小学语文课程教学的方法 **91**

　　第一节　语文课程教学的合作学习方法 91

　　第二节　语文课程教学的自主学习方法 98

　　第三节　语文课程教学的探究性学习方法 103

第五章　中小学语文教学的应用策略与思考 **111**

　　第一节　语文教学的指向表达策略 111

　　第二节　语文教学的生活化实施策略 124

　　第三节　语文教学的读写结合策略 131

　　第四节　语文教学中个性化作业的设计思考 133

第六章　中小学语文教学的实践应用与延展 **136**

　　第一节　语文教学管理的实践应用 136

　　第二节　语文教学激发的实践应用 140

　　第三节　语文教学交流的实践应用 145

　　第四节　语文教学的智能思维延展 147

参考文献 **149**

第一章 语文教学的理论审视

第一节 语文教学的特点与理念

一、语文教学的特点

（一）人文性特点

语文属于人文学科，它与数学、物理、化学、生物等自然学科不同。自然科学的学科可以由原理、公式、定理、法则等组成。这些原理、公式、定理、法则是人们对客观世界的认识，具有客观真理性。语文则不同，一方面，它对人们精神领域起作用，而且对人们精神领域的影响又是深远的；另一方面，许多语文材料本身就是多义的，具有丰富的内容和很强的启发性，人们对语文材料的反应往往也是多元的。

第一，重视语文的熏陶感染作用，通过优秀作品的浸染，感化人的性情，提高人的人格和道德水准。语文对人的影响是深广的，有时是隐性的、长期的、潜移默化的，短时间不容易看出来，不能够立竿见影，因此不要急功近利。如果像理科学习那样，围绕知识点、能力点做大量的练习，难以让学生领悟语文丰富的人文内涵。

第二，注意教学内容的价值取向。学生学习语文，接触大量语文材料的过程也是一个文化建构的过程。语文对人的影响往往是终生的，其影响之深广不可低估。语文课程应该从对人的发展负责、对国家未来负责的高度来选择教学的内容。

第三，尊重学生的独特体验。学生的多元反应是正常的，也是非常珍贵的。尊重学生在语文学习过程中的独特体验，是对学生的尊重和鼓励，也是对真理的尊重。这是由语文自身的特点决定的。

（二）实践性特点

在人文学科中，语文与哲学、历史等学科有所不同。哲学可以由概念、范畴、法则、方法等构成一个知识体系，历史则是由大量的史实和历史观构成历史知识，而语文课程却具有很强的实践性。阅读与表达本身既是一种实践的行为，又体现了实践的能力。着重培养学生的语文实践能力，包括识字、写字、阅读、写作、口语交际、收集处理信息的能力，以及良好的语感等。

第一，重视学生的语文实践活动，在语文实践中培养语文实践能力。靠传授阅读的知识来培养阅读能力，不如让学生多读书；学生记住了一整套完整的写作知识，而没有写作的实践，也难以形成写作的能力；学生背诵了许多语法规则，而没有在大量的语言实践中形成良好的语感，还是说不好话。这些都是很明白的道理。这样的知识没有实践的环节，是难以转化为实际能力的。因此，语文实践能力应主要在语文实践中培养，而不能片面地强调"知识为先导"。

第二，义务教育阶段不宜刻意追求语文知识的系统和完整。语文知识是需要的，但是诸如语法修辞之类的知识，在初中阶段不必讲授过多，也不必追求系统和完整。这一时期学生还处于感性阶段，应该让学生多接触感性材料，参加感性的实践活动，在实践中提高实践能力，把握语文规律。

第三，语文课程要注意学习的生活化。这是与实践性联系在一起的。语文是母语课程，它与外语不同。学生进校前都有一定的语言基础，因而，不必像学外语那样从零开始，花很多气力去记忆大量的词汇、掌握语法的规则。学生生活在母语环境中，生活中处处都是语文学习的资源，时时都有学习语文的机会。因而，应该充分利用这些资源，在生活中学习语文、运用语文，在大量实践中接触大量的语文材料，丰富语言积累，形成良好的语感，培养阅读与表达的能力。应强调日常生活中的习得，强调日积月累。尤其是在中小学阶段，更要注重语文应用、审美和探究能力的培养，是实践性的深化，可以更好地促进学生均衡而有个性地发展。

（三）民族性特点

语文课程应该考虑汉语言文字的特点，考虑这些特点对识字、阅读、写作、口语交际和思维发展等方面的影响。

第一，汉语特别具有个性，它是具象的、灵活的、富有弹性的，可创造的空间特别大。汉语没有多少强制的规矩，应该说，它是一种真正从人的思维与表达的需要出发的以人为本的语言，这种语言在模糊之中寻求准确，用西方语言的条条框框来分析汉语实在是勉为其难。所以，传统的汉语教学词类讲虚实二分，句法重语序，修辞讲比兴二法。

第二，汉语的文化性也特别强，尤其是它的词汇和词组系统具有非常深厚的文化底蕴。与这些相联系，我国文学以抒情性强而著称于世。中国的诗歌代表了中国的艺术精神，可以说，中国的文化就是诗性的文化。

总而言之，中国语文重视积累、感悟、熏陶和语感，提倡多读多写；应该克服浮躁焦虑的心态，不能急功近利，不能期望立竿见影；不应照搬西方分析的思维方法，要注视培养整体把握的能力。

二、语文教学的理念

所谓理念，是指人们观察问题、分析问题和解决问题所依据的原理和观念，或者是原则和准则。语文教学的理念就是语文教学活动的指导思想和行为准则。

（一）人文关怀

语文教学要促进个体的身心和谐发展，要使个体的发展过程获得精神上的价值和人生上的意义。换言之，个体通过在语言上的学习和训练、文学上的熏陶和习染，不仅要获得各种知识和技能，而且还要体验到各种深刻的人类情感，唤起自身的主体意识，从而追问人生的意义、探寻人生的道路，形成独特的人生态度。教师把语文教学的这种功能称为语文教学的人文关怀。

语文教学目标是整个基础教育目标的有机组成部分，对于培养德、智、体、美劳全面发展的社会主义建设者和接班人具有重要的导向作用。语文作为一种兼具人文性和工具性的综合性学科，在人的发展过程中起着核心性的决定作用。同其他学科相比，语文教学除了要完成一般学科必须共同承担的智育任务之外，还要密切关注审美教育、人生观教育与人格教育，并以此作为自己的最高价值追求。语文学科这种人文关怀的功能是标示其学科独特性的根本要素，也是语文教学目标的最高追求。教师把语文教学的人文关怀的功能提到这么高的位置，一方面取决于对语文学科性质的深刻洞察，另一方面取决于对人的最终发展目标的深刻认识。人的发展的最高境界是精神上的自由和解放、人格上的完善与独立，而所有为此目的所进行的知识的学习、技能的训练、能力的获得及社会生活的实践等工具性行为，都必须服从这一最高目的。如果要实现人作为发展手段的工具价值，到作为发展目的的精神价值的飞跃，必须通过人文教育的洗礼。在现行基础教育体制中，语文教学只有自觉地承担起人文教育这一历史使命，把人文教育贯穿到整个语文教学过程中，关注人的精神世界的构建和人格的养成，才能为人的全面发展开辟道路。

1.语文教学的人文精神价值

人文精神不是徜徉流溢在语文教学本体之外的美丽动人的幻影，而是发自语文文本之中的人性之光。

语文教学的人文价值，从静态的文本分析来看，文学与人生的关系是它的集中体现。文学与人生这种水乳交融、血肉一体的内在联系，使文学成为人生的另一种存在，尽管它不是社会现实自身，却比社会现实更加真实、深刻、感人。人们更多的是从文学艺术创作这面镜子中发现并认识了人自身，因此，文学就是人学。文学把人的精神不断地引向光明和崇高，是文学在维护着人类的社会良知和道德心，也是文学在不断地拓展着感性人生的丰富性与多元性，捍卫着人类理性的尊严和纯洁。因此，语文教学一定要重视文学作品的人文教育价值，把语文教学从工具中心论中解救出来，还其人文教育的本来面目。

另外，语文教学的人文价值，从动态的教学过程来看，其人文性主要体现在师生关系的民主性、文本解读的多元性、写作训练的生活化上。只有以民主化的师生关系作为教学的前提，才能充分激发调动师生双方的积极性，使语文教学充满生命的张力，从而对文本展开开放性、多元化、个性化的阐释，释放出文学作品中深层的人性力量，引发情感上的共鸣，启迪思想上的解悟。

2.语文教学目标的人文追求

语文教学成为人文精神之载体。因此，人文关怀理应成为语文教学之鹄的。语文教学目标是一个有机的整体，按现在比较流行的观点来看，它由德育目标、智育目标、美育目标三部分构成，而这三个目标之内又有更细致的分目标。人文关怀作为语文教学的最高目标，它不等同于技术操作层面的教学要求，而是着眼于语文教学根本性的价值导向。换言之，人文关怀与现行的语文教学目标体系，不属于同一层面的问题。人文关怀植根于语文教学本体论，现行的语文教学目标体系立足于语文教学方法论；人文关怀制约语文教学的根本价值取向，现行的语文教学目标体系决定语文教学实践的进程与开展。因此，人文关怀不可能以技术化、操作化的方式单独地起作用，它只能以精神引导的方式进入语文教学目标体系，通过影响语文教学目标系统的内在调节与协作间接地发挥作用。

坚持语文教学的人文精神的价值取向，那么，语文教学的德育目标除了重视传统的政治品质、思想品质、道德品质、个性心理品质等发展目标之外，还要关注人的主体性发展、人格的完善、精神生活的和谐。在智育目标上，除了重视传统的知识、能力、智力发展之外，还要注意智力与非智力因素的协调发展、情感陶冶与生命体验。在美育的目标上，除了重视传统的审美知识、审美能力的发展目标之外，还要尊重个体的审美经验、审美感受，激励个体的审美想象、审美创造，以及倡导对人生的审美观照、对人格的审美塑造。换言之，人文关怀是一切语文教学手段与工具的灵魂，人的精神发展是所有操作性目标的最终归宿。

语文教学人文关怀目标不是空洞的口号，它既具有悠久的精神价值传统，又具有生动具体的时代内涵。作为一种优良的文化传统，它孕育了学生间不息的人类文明；作为一种新兴的社会思潮，它发出了振聋发聩的时代呼声。现代人应具备的特征，归纳起来主要有三个方面：首先，现代人具有开放性，乐于接受新事物。他们准备和乐于接受他们未经历过的新的生活经验、新的思想观念，准备接受社会的改革和变化。他们思路开阔、头脑开放，尊重并考虑各方面不同的意见和看法。其次，现代人具有自主性、进取性和创造性。他们注重现在和未来，守时惜时。他们有强烈的个人效能感，对人和社会的能力充满信心，办事讲求效率。他们尊重事实和验证，注意科学的实验，认真探索未知领域，不固执己见。最后，现代人对社会有责任感，能正确对待别人和自己。他们能相互理解，能自尊并尊重别人。他们有可依赖性和信任感，不相信命运不可改变，而认为依靠社会力量能使人生活得更好。语文教学的人文性应着眼于21世纪创业者人文素养的培植。

教师可以把新时代的人文精神的内涵，概括为以下八个方面：人格健康、高创造力、主体意识、求实求真、乐于竞争与善于合作、个性和谐、乐观开放、热爱生活。这八个方面是新价值观的具体体现，也是未来人才培养的方向和标准。以此为基础，语文教学的人文价值，应该包含以下四个方面：首先，引导学生走进生活、观察社会、体悟人生。帮助他们形成乐观开放、乐于竞争与合作的人生态度。其次，培养学生的人文品质，继承民族文化的传统，汲取现代文化精髓，奠定文化底蕴。再次，陶冶学生的情操，启迪学生的悟性，培养学生的批判思维以及创造性思维，形成健全独立的人格。最后，培养学生的主体意识，确立学生在教学过程中的主体地位，发挥学生学习的主动性、能动性与创造性。

3.语文教学中人文意蕴的开掘

语文教学中人文价值目标的最终实现取决于语文教学实践的正确走向。从语文教学过程的展开来看，选择文质兼美的教材，加强语文教学过程的审美性，立足现实生活，激发学生的自我表现与表达，是开掘语文教学人文价值的有效途径。是否符合文质兼美的标准，是制约语文教学人文关怀目标实现与否的关键因素。选文是否具有深刻的思想文化内涵、广阔的文学视野、浓郁的人文情怀，直接决定着语文教学人文性的深度、广度以及力度。桃李不言，下自成蹊。文质兼美的选文作为人文精神最好的寄寓之所，对于培养学生的人文精神具有本源性决定作用。语文教学之中的人文意蕴，具体内容如下：

（1）文道兼美，一多并举。教师不仅要求选文的思想内容与语言表达做到有机统一，而且还要求选文在思想内容上具有深刻的文化意义、人文意蕴和审美价值，在语言表达上生动准确、隽永晓畅、富有个性。这样的文道观对于语文教材的选文标准才具有真正的实际意义。

文道兼美的选文标准，并不意味着把文道关系限定在狭窄的意识形态、伦理道德以及正统文论的域界，而是应该一多并举。从"道"的标准来讲，"一"指的是教材选文应体现人类所崇尚的以真善美为代表的终极精神价值；"多"指的是选文要体现人类思想文化的丰富性、多元性、开放性。教师应以一种博大的文化胸襟和高远的发展眼光来看待文章的思想文化内涵，切忌鼠目寸光。在选文中，既要有传统的政治伦理教化内容，还要有体现人类普遍的精神价值追求的内容；既要有以明道为指归的皇皇之论，还要有抒发个人性灵的小品佳作。从"文"的标准来看，"一"指的是选文的语言表达，必须规范、准确，具有代表性、示范性，思想内涵必须源于生活、积极向上；"多"则是强调语言艺术特色的多样化、个性化和风格化，文化内容的开放化、立体化、层次化。唯其文思泉涌、灿烂其华，方能风行水上、自然成文、行而广远，也只有放眼宇宙，博采万物之精华，才能广开眼界、启人心智、有益身心。

（2）内外兼顾，和谐统一。教材选文，作为语言学习与文化陶冶的范本，应具有内外两个方面的价值，或曰本体价值与工具价值，即精神陶冶价值和语言教育价值。只有做到这两种价值的有机统一，才能体现文质兼美的全面要求。选文的语言教育价值体现在对学生听、说、读、写等基本语文能力的培养上，而精神陶冶价值则立足于学生的精神发展、人格完善上。这两者是相辅相成、互为依存的。

因为，从文章本身的统一性来看，语言因素与思想因素是水乳交融、不可分割的。没有思想的语言表达没有实际意义，脱离了语言轨道人的思想同样难以表达。从学生语文学习过程的综合性、复杂性来看，学生的语言发展同学生的思维发展、思想成熟、精神成长有内在统一性。它们之间相互影响、相互作用，和谐共存、共同发展。脱离思想教育、精神陶冶的语言训练会使语文教学变得枯燥乏味、机械生硬；而脱离语言训练的思想教育同样会把语文教学变成说教。因此，选文的这两种价值标准不可偏颇，应该兼顾。

（3）兼顾选文内外价值的和谐统一。除了独具慧眼外，还要具备科学的编辑加工能力。选文的编排、教材体例的选择、语文知识的穿插、课后作业的设计等环节，都应该体现选文内外教育价值的统一。既要避免唯知识智能训练为中心，也要防止唯主题思想分析推理至上。教材的编辑加工向来不被重视，只被看作是一种技术性的工作。其实这是一种错误的看法。它是展开语文教学价值、实现语文教学目标的重要途径，它需要以正确的哲学观、教育观、心理观为指导，以语文教学的内在规律、师生相互作用的互动模式作为依据，并要对语文知识掌握、能力发展与精神发展的内在统一关系，有深刻的洞察与理解。它既需要有哲学的眼光，又需要有科学的程序，还需要有艺术的手法。从选文到编排，从封面到插图，从设计到印刷，所有步骤都关系到教材的质量和生命。因此，文质兼美不只是一种对文本的内在要求，还是一种指导具体编辑工作的根本原则。

（4）开放思维，审美观照。人文精神从某种意义上讲又可以理解为人类对真善美孜孜不倦的价值追求。因为真善美代表了人类精神的最高境界。这种追求，不仅仅包括对知识形态的科学、道德、美学领域的探索，它还指向人类在获取这些知识的过程中，所孕育滋生出来的科学精神、道德意识和审美体验。其中，审美体验不仅具有相对独立的价值意蕴，而且还是科学精神与道德意识所追求的最高境界。

美存在于自然之中，而科学的发现，不仅指向知识，还要关注审美体验。在道德与审美的关系上，审美同样是道德境界的需求。古人强调"文以载道""文以明道"，其用意也在于此。只有把抽象的道德规范以及理念渗透到由文学语言所塑造的美好的道德理想人格形象中，才能使个体获得道德实践的驱动力。审美是沟通知识和德行的津梁，是培植人文精神的必由之路。语文教学要走向人文关怀，就必须通过开掘隐含在文本中的真善美精神价值，以唤醒激励学生的求知、向善、爱美之心，通过审美的教育塑造他们的人文精神。

（5）语文教学的审美观照，尤以阅读教学为重。语文阅读活动中的审美教育是美学在阅读活动中的具体应用。它的任务和作用是按照美的规律，用美的信息去激发、引导阅读活动的主体——学生的审美心理和情感，培养学生符合人类崇高理想的审美意识，帮助学生获得健美的心灵和高尚的审美情趣，使他们在开放的语文阅读活动过程中逐步形成正确的审美观念和健康的审美品质，把握辨真伪、识善恶、分美丑的正确的审美，提高学生的审美素质和审美能力，以培养全面发展的人。

语文阅读活动与审美教育有着难解难分、血脉相承的特别关系。加强审美教育有助于提高语文阅读质量，深化语文阅读效果。语文教材编选的课文，大都是依照美的法则创造出来的"文质兼美"的典范佳作，是集中反映社会、艺术、科学、语言等客观美的结晶。文章精美的语言，展示出崇高的美的艺术境界，而好的艺术境界本身，又丰富并加强了语言的艺术表现力。在阅读活动中，一方面，可以抓住精彩传神的关键性的字词语句，把学生引进它所展示的优美境界，使他们在美的艺术享受中受到熏陶，提高审美能力；另一方面，又可以抓住令人心灵颤动的意象、情境和形象，引导学生反转过来深入体味、领悟文章中高超的语言艺术技巧，提高运用语言表情达意的能力。语文教师要充分利用文章的美学意境，创设审美情境，善于敏锐地发掘文章中的美点，揭示深蕴其中的审美情趣；要善于借助审美意象，启发学生的审美想象，根据文本的特点设计审美议题，以诱发学生的审美体验；还要确定审美目标，指导学生展开审美鉴赏活动。调动各种手段，把学生引入美的艺术境界，诱发学生联想探求，观察体验，既对学生进行了审美教育，又把审美教育和语文阅读活动有机地交融在一起，使学生深入理解了课文，提高了阅读效果和质量。在这种活动中，教师要从各种不同的审美角度、不同的审美层面引导学生深入地分析和理解。这样既可以使学生受到审美教育，又有助于学生对课文从表层性的体味感知到深层次的领悟理解。

（二）个性发展

1.语文个性教学的作用

（1）语文个性教学的价值追求。语文个性教学的价值观是语文教学功能观的直接反映。汉语文教学有其独特的功能和价值，其功能和价值又具有多层次复合性。

功利本位与人文本位是最能概括当前各种对立观点的一对范畴。功利本位论强调把语文教学的功利性放在首要地位，把学生对汉语的听、说、读、写水平和能力作为语文教学追求的根本目的，突出语文教学的工具价值。在此前提下，他们一般不反对语文教学的人文价值，甚至也十分强调语文教学的教化作用。人文本位论则认为语文教学的最大功用在于教化，最大价值在于弘扬人类和民族的优秀文化传统，以及人文精神，培养学生健康的人格。在此前提下，他们一般也不反对语文教学的工具追求和工具价值，甚至认为人类精神传递的前提是对语言文字工具的掌握。

语文教学的特点决定了汉语文教学的功能绝非单功能，而是复合功能。所谓复合功能，就是将语文教学的各种功能有机地整合为一体的功能。汉语文教学的复合功能由两大类要素组成，即由工具性要素和人文性要素组成为复合功能球形图，两大类要素组合不存在孰先孰后、孰上孰下的问题。

工具性要素的主要内涵是听、说、读、写、知识方法、思维。人文要素的主要内涵是情思、审美、伦理、历史文化。工具性要素和人文性要素之所以能够合二为一，关键在于中介要素的作用，中介要素就是汉字和汉语，其作用就是语文教学过程。通过汉字汉语的教育，使要素之内涵发生联动以及整合，使两大类要素产生有机连接和整合。汉语文教学的复合功能是一个有机的开放的组合系统，是一种弹性机制，它在信息交换过程中，不断地做出自己的选择和应对，系统也会因此发生相应的变化。汉语文教学的复合功能铸就了我国民族文化特性，发挥了全面综合的素质教育作用。汉语文的复合功能观念对于语文个性教育价值观的构建起了决定性的作用。语文个性教育的核心，就是要通过语文教学促进学生的个性和谐健康发展，它突破了以往单功能观的狭隘视野，而把语文教学置于一个更为广阔互动的历史文化背景之中，突出强调了语文功利性价值与人文性价值之间互为依存、相辅相成的血脉一体的内在联系，从而为人的个性发展铺就了一条更为切实、明确、广远的通道。

语文教学的多功能整合观很好地协调了语文教学的工具性价值和人文性价值、内在价值与外在价值，把个性教育与社会需求有机地结合起来，这对于培养符合社会需要的良好个性品质起到了积极的促进作用。因此，多功能复合的语文教学价值观是语文个性教育的重要理论基石，在当代具有重要的现实意义。在21世纪里，语文个性教育的价值追求表现在受教育者的素质规格上，就是要重视个人的自由发展，尤其是人格的健康成长。这一点具有世界性、终极性意义。通过教育，尤其是以人文性为核心特征的语文教学，重塑现代人的人格精神，是促使社会和个人协调发展、可持续发展的重要基础。

（2）语文个性教育在个体人格的塑造方面应发挥积极的作用。通过对自身的人文价值、文化底蕴、思想内涵的充分释放和展开，为个体的精神发展、人格形成创设一个良好的成长环境。语文个性教育在人格塑造方面要坚持以下三个方面的价值追求：

第一，重塑人格基础，由关注知识技能转向关注个性整体发展，并主要关注精神世界的构建。语文教学要重塑人格的基础，必须正视这一现实，努力扭转这种不良局面与风气，重新把语文教学的重心放在对个性人格的塑造与培养上。要实现语文教学的根本价值，促进个性的和谐发展与人格的健康成长，必须做到两个转变。从理论上要转变对语文教学本体价值的认识，树立起牢固的多功能复合价值观，真正理解汉语文本体的质的规定性对语文教学多功能复合价值观的内在的决定作用。在实践的方面，要处理好语文知识技能掌握与文学熏陶、精神启迪、审美体验等隐性因素的关系，使前后两种因素相互联系、相互支持、相互转化。一方面，把语文知识、技能因素融入个体精神活动、人格意识、行为模式的整体之中，使其有所附加；另一方面，则把个体的精神世界建构在牢固的语文知识技能之上，为个性的发展奠定坚实的语文基础和文化根底。

第二，重塑人格形成机制，由关注教学目标转向关注教育目的，将人文关怀贯彻到教学实践中。语文教学的目的着眼于个性的全面和谐发展，尤其是个体人格与精神的发展。它是整个语文教学的立足点，也是归宿，对于具体的教学实践具有终极性的决定意义与规范价值。语文教学目标则是为了便于实践操作而从教育目的中分化出来，它对加强语文教学的程序性、规范化具有实际的指导作用。但是，这并不意味着在教学实践中，按部就班地完成了各种具体的教学目标就能够达到教育目的的要求。按照教学系统论的观点，教育目的的内涵要高于各种具体教学目标。因此，个体个性的自由、充分发展，精神世界的积极构建，要以教学目标的实现为基础和媒介，又要超越其上，对其进行积极的转化、扬弃和提升，使其获得个性的特征、人格的意义。这一过程的实现，一方面，需要以各种具体语文教学目标的实现作为前提；另一方面，又要借助特定的教育环境，通过个体的自我教育、自我发展、自我提升来实现。教育环境除了包括课堂学习，更重要的是心理氛围、情景诱导、教师的人格魅力及教学活动的潜在影响等隐性因素。因此，语文教学要重塑人格养成机制，必须标本兼治、内外双修，为个性的和谐发展创设良好的教育环境。

第三，重塑人格境界，由"功利人生"的定位提升到"审美人生"的设计。应试教育以其功利主义价值取向为主，忽视了语文教学的审美价值，把文学教育驱逐出语文课堂。语文教学要重塑人格境界，必须加强审美教育。因为只有审美教育，才能为个性的精神世界创造一个超越功利的自由发展空间，才能使个体认识到人生就是一件弥足珍贵的艺术品，从而唤醒他们热爱美、向往美、创造美的美好情感。因此，语文教学，只有成为审美教育的过程，才可能充分释放汉语言文字及文学作品中的美感，把学生的精神引向纯净、高尚、理想之境。

2.语文个性教学的实践方向

语文个性教育价值观的确立为语文个性教育实践指明了方向。语文教学在教学实践中应始终坚持以个性的和谐发展、人格的健康成长为指针。个性的发展、人格的形成是多方面、多层次、多方位的，其中创造性是核心因素。从某种意义上说，个性教育就是创新教育或创造性教育。个性独特性是个性得以确立的根本依据之一，个性教育就是要立足于客观存在的学生的个别差异性，通过因材施教，充分调动每一个学生的积极性、主动性、创造性，让每个人都体会到成功的快乐，体验到作为学习主体的自主感、成就感，从而释放每个人的学习热情，并且创造能量，培养出个性鲜明、朝气蓬勃、积极进取、勇于创新的社会主体。只有承认学生的个性差，以及客观事物的多元性，才能真正地培养出学生的创造性。因此，个性教育必定是创新教育，而创新教育又是促进个性发展的关键因素。语文教学多功能复合价值观决定了语文创新教育内涵的丰富性、多元性。一方面，作为工具学科，语文教学对培养学生独特的个人语言表达能力、语言风格具有促进作用；另一方面，作为人文学科，语文教学对培养学生独特的人格精神、审美意趣、道德素养又具有重要意义。因此，语文个性教育的创造性就是要培养学生的良好语感、独特的语言风格、语文思维创造性以及积极向上的创造性人格。

（1）语感教学与语言风格的养成。一个人的语言往往就是他的精神世界的表征。尤其是以文字为表达手段的书面语，更能较系统、全面、深刻地反映一个人的文化修养、价值取向、审美趣味以及精神追求。而语言风格又是标示一个人语言独特性的重要因素，它是一个人的符号化外貌。语言风格的形成有赖于个体语言的积累与语感生成，良好语感的获得是形成个人语言风格的根本前提。因此，语感教育是语文创新教育的重要内容。

（2）语感的性质及语感教学。语感是一种修养，是在长期的规范语言应用和训练中养成的一种对语言文字（包括口头语言、书面语言）比较直接、迅速、灵敏的领会和感悟能力。它具有敏锐性、直觉性、完整性、联想性、体验性。语感虽然具有模糊性、会意性等非理性化的特点，但可以将它做科学的、辩证的分解，分项确定其训练目标。从大处看，语感可以分为听感、说感、读感、写感。从语文理解的过程及方式的角度来看，一个人的语感能力大致可以分解为相互关联的两种判断力：首先，对语言对象在语言知识方面的判断能力，包括语音感、语义感、语法感和语气感，这是直觉性语感；其次，对语言对象在内容上真伪、是非与形式上美丑的判断能力，包括思想观念、情感意志、人格状态、审美鉴赏等，这是理解性语感。

（3）语感训练的途径和方法。语感之"感"源于所感之"语"。它是客观语言对象对人的语言器官长期雕琢、不断积淀的结果。因此，要想培养准确、敏捷的语感，必须注重语言的积累，加强语感的实践训练。语感分析训练是提高语言感受力、加强语言意象积累的重要手段。语感的分析侧重是在对文本整体感性理解与把握的基础上，针对某些具有文学解读意味的句子或词语进行深层次的理性分析。语感分析最大的难点是把握语言的隐含信息、语言的自我表达。语言的自我表达能力是语文教学所要培养的重要技能，它集中体现了个体的语言个性、创造性和独特风格。

语言表达能力的培养并不仅仅是一种简单的技能训练，它是同个性的思想发展、精神成长、人格追求紧密相关的。促进语言表达能力的发展，必须从促进个性精神和谐发展着手。自我表现是个性精神发展的一个重要方面，它对个体的语言表达能力的发展起决定性作用。激励学生勇于表现自我，敢于发表自己的见解，抒发自我的生活感悟，这是提高个体语言表达能力的重要原则。

（三）归属生活

面对信息社会、知识经济时代挑战的教育使命，课程脱离生活世界，学生缺乏承担社会义务的态度和参与社会实践的能力的现实，国内外一系列课程改革呼吁，让教育回归生活的世界、培养社会实践能力作为强调的重点之一。终身教育的宗旨是"四种基本学习"（"四个知识支柱"）：学会认知、学会做事、学会共同生活、学会生存。但是，传统教育过分倚重"学会认知"，然而教育新概念应该谋求"知识支柱"中的每一个应得到同等重视，谋求这四者的整合。这四个支柱中，"学会做事"、"学会共同生活"和"学会生存"集中体现了教育、课程回归生活世界的发展取向。"学会做事"绝不只是熟练某些操作技能、学会某些重复不变的实践方法。

"学会做事"意味着要特别重视发展处理人际关系的能力，换言之，"人格智力"在知识经济时代具有特别重要的意义。学会共同生活、学会与他人一起生活，是信息社会对教育的又一挑战，因为日益发展的信息技术既便于人与人的交往，但也可能造成人的孤独和疏离。因此，教育应采取两种相互补充的方法，既要教学生逐步"发现他人"，懂得人类的多样性和差异性，又要通过从事一些社会公益活动，而帮助学生寻找人类的共同基础。当人们"学会做事""学会共同生活"的时候，就能够在人类社会生活中"学会生存"。

教育处于社会的核心位置。教育是与家庭生活、社区环境、职业界、个人生活、社会传媒融为一体的，但教育并非被动适应纷繁复杂、良莠并存的社会生活，而要对社会进行主体参与式回归，要通过培养每个人的判断能力而对社会进行批判与超越。由此看来，回归生活世界是课程变革的重要趋势。回归生活世界的课程在目标上，意味着培养在生活世界中会生存的人，即会做事、会与他人共同生活的人。这种人既具有健全发展的自主性，善于自知，又具有健全发展的社会性，善于发现他人。

1.语文教学要贴近生活

语文是最重要的交际工具。语文是工具性极强的基础学科。它既是人们交际的工具、学习的工具、生活的工具，还是人类文化的重要组成部分、文明程度的标志。在当代信息社会，语文能力更成为一个人获取、加工、输出信息，进行思维创新的重要工具。语文教学必须贴近生活，这是由社会生活所具有的独特的语文教学作用所决定的。

第一，丰富多彩的社会生活是语文课文的源头活水。语文课在学生面前打开了现实生活的一扇窗口，通过它的选择和过滤，学生可以自由地观察这个千变万化的世界，洞察生活的秘密，领悟人生的真谛。所以，生活是语文的来源，是学生学习的内容，语文教学不应忽视学生的自主发展对社会生活的内在需求。

第二，现实生活为学生的语言交际活动提供了直接经验的情境和基本的发展动力。学生最初的语言能力是从现实生活中习得的。语言能力在某种程度上可以说就是一种基本的生活能力。现实生活为学生言语交往设置了特定的对话情境，激发了交流的渴望，使学生的言语交流能够获得一种持续的稳定的内驱力。在生活中学生所进行的这种语言上的交流深刻地反映了个体语言学习的内在规律：语言学习需要特定的情境来提供背景信息的支持以创造交流的可能性；同时，语言交流又必须是有所指的、定向的，交流的动力来自某种生活情境而产生的思想和思维上的碰撞或矛盾。正是现实生活中所存在的各种矛盾和问题，才引发了学生语言交流的动机，促进了其思想的发展以及语言水平的提高。所以，语文教学要重视生活情境在教学过程中的暗示、激励作用，为语言能力的发展铺设一个坚实的生活基础。

第三，语文的工具性决定了语文教学的生活化方向。语言作为理解的工具，不仅为个体与个体之间的思想情感交流创造了可能、提供了手段，而且在个体与历史、个体与传统之间架起了一座沟通的桥梁，个体通过它把历史与文化灌注进自己的精神生活和生命意识之中。历史和传统之所以能够进入当代并影响到个人生活，就是由于语言的作用。

总而言之，语文教学既要满足个体生活的工具性需要，又要关注个体精神生活的发展，在生活中沟通历史传统与现实，探索理想的人生价值，构建生命的终极意义。所以，语文教学必须贴近生活、关注生活。

2.语文教学要植根生活

学生语言学习的规律表现在三个方面：首先，语言的发展与思维的发展紧密相连、相辅相成，而思维的发展起源于动作与活动，是一种经验的建构过程；其次，语言的习得必须借助特定的生活情境，语言能力不是一种抽象的形式，它必须包含实质性的生活经验与价值体验；最后，语言的学习是实践性的，它的途径不应局限于课堂教学，而应面向生活实际，因为生活的变化对语言学习具有实质性的影响。这三个基本规律，基本上体现了语文教学与生活之间的密切联系。

个体在与环境相互作用的过程中，思维能力不断地由低级阶段向高级阶段发展。在学生思维发展的早期阶段，学生自身的动作是沟通环境与主体之间意义联系的桥梁。学生通过自身的动作，在动作中进行思维，借助动作表达思维的成果，在成人语言的引导下，学生逐步把语音刺激与动作建立起稳定的联系，从而使思维获得了最初的语言表现形式。随着学生动作的复杂化以及活动范围的日益扩大，学生的形象思维开始发生，并且不断地向前发展，形成抽象思维能力。学生的语言能力也相应地从感性水平发展到理性水平。

在这一过程中，学生不断地修正所习得的概念，从而使语言能力不断地发展变化，逐步形成了一定的语感。教师要使学生所习得的语言获得实质性意义，具有经验上的价值，就必须加强语言学习与生活经验的联系，在生活的经验中使语言及概念获得稳定、准确、真实的意义，从而使个体的思维水平不断地由动作思维、形象思维向理性思维转化，不断地由即时性、联想性向推理性过渡，换言之，生活经验在思想与语言之间架起了一座沟通的桥梁。因此，语言学习在本质上与生活相连，只有通过生活，并且在生活中学习语言，才可能真正培养学生的听、说、读、写能力，使其获得真正的发展。

语言学习必须借助一定的生活情境，才能形成积极有效的思想沟通。语言学习之所以需要一定的情境，是因为情境能创造语言交流的可能性，还可以提供语言交流所必需的背景信息。此外，它又构成了语言交流的动力基础。学生掌握语言的过程，其实是一种心理图式不断建构的过程，这种建构需要特定的生活情境提供发生的契机。在特定情境的诱发和激励下，个体才可能形成一定的问题意识和思维定向，促进思维的发生和发展。思维的过程其实就是概念的运算过程。因为生活情境变动不居，个体的思维活动就会处于不断适应与调整状态。思维的适应与调整的过程，就是内部言语不断地生成、转化、运作、发展的过程。

从生活的发展变化对于语言学习的影响来看，语文教学必须联系现实生活，使学生的语言发展获得源头活水，变得生机勃勃。语言系统相对于社会生活，是一个静止的、封闭的系统。社会生活不断发展，尤其是现代信息社会瞬息万变，必然对语言系统产生重要的影响，促使其做出相应的反应、调整和变化。除了语言学习自身的规律要求语文教学要生活化外，在语文教学中学生对各种文化知识的掌握、对价值观念的习得、对精神世界的探究等方面都要求学生具有深厚的生活经验作为基础。因为生活的切实经验，不仅提供了各种学习的初步的感性知识基础，而且还孕育了学习的直接兴趣与心理动力，培植了学生基本的生活态度与价值观念。因此，生活化是语文教学走向深入的必然选择。

第二节 语文教学的语言与思维

一、语文教学语言研究的重要性

"教学语言是教师的专业语言，是教师根据教学任务要求，在特定的教学内容和教材规定下，针对特定的教学对象，在有限的时间内把知识传递给学生而需要使用的语言。"[①]在学科发展的视角下，研究语文教师课堂教学语言对强化课堂教学语言的培养意识、加强教育理念与教学实践的多角度融合、提升课堂教学语言的筛选能力、提升教

---

① 沈芸.初中语文课堂教学研究与实践 [M].长春:吉林大学出版社，2020:25.

师自身的语文核心素养、优化教师个性化的语言风格、加强教师思维品质具有重要的作用。

（一）语文教学语言对教学的重要性

1.提高语文教学的效率

语文课堂教学是语文学习的最基本形式，而语文教学语言则是完成语文课堂教学的重要手段和工具。越来越多的教师意识到培养学生自主、合作、探究的精神有利于提高语文课堂的教学质量。教师在课堂上要想更好地传授知识，就必须高效地使用教学语言，这会让课堂效率提高，并且提高教学质量。

（1）教师的教学语言应该进行改变，从机械灌输性的语言转变为引导性，尽量减少单方面的命令语言与语气，以一种平等商量的语气与同学们进行交流，使学生更容易接受，从而会积极参与到教学活动中，通过独立思考懂得了自主，在相互交流中学到了合作，在努力寻找解答中做到了探究。

（2）部分教师在课堂教学中语速失调，有的讲话拖沓，有的讲话过快，这都影响了课堂教学效率，因此语文课堂教学中教师语言的规范性、准确性、生动性等，对提高学生接受知识的水平、调动学生的学习积极性、增加课堂互动等都起着至关重要的作用。

（3）教师所使用的经过精心的推敲和琢磨的教学语言，是学生学习知识的手段，是打开学生思维的方法，激发了课堂活力。课堂教学语言不同于日常生活中，教师在与人交流时所使用的口头语言，并不是严谨的书面语言，语文教学语言要生动活泼、高于活力，引导学生积极地参与到课堂活动中。

（4）教师的教学语言在课堂中不仅仅是为了传递知识信息，同时，它也是组织课堂教学、维持正常课堂秩序的一种重要工具。教师发出的指示性教学语言，或者指令性教学语言不仅有助于学生更快、更好地达到既定的语文教学目标，同时，也是教师对课堂进行组织管理、维持教学秩序的一种有效的方法。

2.增强语文教学的生命力

语文课堂的语言不能等同于日常生活语言，应该具有专业性的特点，好的教师课堂语言对优化课堂教学结构、提高语文课堂的生命力起着很大的作用。有的教师语言犹如潺潺流水很有美感，有的教师语言变化多样、层出不穷，有的教师语言缜密深刻，有的教师语言平实质朴但很有感染等，这些好的教学语言都能调动起学生学习的热情，提高语文课堂的生命力。

（1）语文教师在教学的实际情境中，应结合学生的学习实践和生命体验，运用课堂教学语言对教学背景进行创设，使得教学情境更加富有生命力、更加富有理性力量。首先，生活化教学情境的创设，有助于帮助学生提高学习的活力，积极主动地探究学习的乐趣，使学生养成自主、合作、探究的学习方式。其次，刚入职的年轻教师，主要是模仿优秀的教师，逐步形成自己的教学风格。语文教师依靠独特的语言风格，或准确完美，或幽默风趣，或生动形象来吸引学生，凝聚学生的注意力，提高学生的积极性。最后，担负母语教育任务的语文教师在语言的表达上，须带领学生在富有生活化气息的情境中学习语言、感悟语言、积累语言、发展语言，渲染浓厚的课堂学习氛围。

（2）形成一节富有生命力的语文课堂，必须有优美的教师课堂教学语言。教师可以用自己优美流畅、饱含激情的教学语言给同学们营造一种轻松和谐的课堂氛围，使他们感到身心愉悦，使整个语文课堂洋溢着浓厚的民主气氛。

（二）语文教学语言对教师的重要性

1.完善语文教学组织，提高管理水平

教师的课堂教学语言是否高效直接影响课堂管理的有效性，决定着课堂教学质量的高低。教师要顺利完成课堂教学的完整过程，有效的课堂管理是基本的保障。把课堂管理简单化地理解为维持课堂纪律，认识上比较肤浅，把课堂仅仅看成是单一的教学活动，忽略了管理的存在。课堂管理目标是保障课堂教学的顺利进行，课堂教学的目标是完成教学任务，实现学生的全面发展。通过运用行为管理的一般原理、原则以及方法，促进课堂管理行为的规范化外，教学语言是一切管理目的得以实现的关键。

教师的教学语言是教师素质的重要组成部分，教师一定要学会组织课堂教学语言，增强语言表达的科学性、针对性、准确性，做到清晰精练、重点突出、逻辑性强。在传统的课堂管理中，教师处在管理者的权威地位，主宰课堂，师生之间的关系是"教—被教""管理—被管理"的关系，恰当的教学语言可以创造良好的课堂气氛，改变这种被动的关系，能使学生学得轻松，开阔学生的思路。积极、良好的课堂氛围应该是教师全身心投入，学生全神贯注，师生之间交流融洽，学生思维活跃，教学效果良好。当学生出现错误的思路言语时，教师是化解者，而不应用过激的言语打压学生的积极性，教师用智慧的语言化解课堂危机。教师利用有效的教学语言通过一定的方式方法，营造一种民主、和谐的课堂氛围，进而促进课堂组织和管理，提高课堂管理的效率。

2.增进师生之间关系，促进教学相长

教师的语言表达能力不仅仅对学生的影响非常大，对教师自身的成长也至关重要。语文教师是语文教学的主导者，起引导的作用，学生才是语文课堂的主体，教师的教学语言应该杜绝训斥，平等地与学生进行语言交流，通过委婉、友善的语言构建和谐平等的新型师生关系，建立和谐的师生关系还能促成教学相长。

（1）教学过程是师生双方交流互动的过程，教学语言是教师与学生平等交流的工具。语文教师在课堂教学中，适时且适量地使用交际性语言，可以建立和谐的课堂气氛，

有助于学生积极性与主动性的发挥，增进师生之间的关系。此外，教学语言还可以用来帮助教师在课堂上针对所学课文的深层思想内容进行总结和解释，通过优美的语言将其表达出来，帮助学生更好地理解所学内容，并且引导学生使用自己的语言来表达课文的思想。

（2）通过营造一个自由平等的课堂氛围来进一步拉近教师与学生之间的距离，促进师生关系的和谐发展。这种宽松的课堂氛围，为师生创造了畅所欲言的平台，更容易产生新颖观点。通过积极的讨论来了解课文的内涵，达到完美的教学效果。

（3）一名语文教师如果想要提升教学效果，需要在课前做大量的工作，包括知识的积累、道德的修养等方面。由此可见，语文教师课堂语言的完善不仅能提升他的语言能力、教学能力等，还可以加强他的专业学识、拓展知识，促进教师的专业成长。

（4）幽默轻松的教学语言可以创建轻松活泼的教学心态，让学生在课堂中感到安全，畅所欲言地表达自己的思想，有利于教师与学生建立良好的师生关系。语言能力的提高，实际上正是一个厚积薄发、博采众长的过程。教师应该多熟悉和背诵一些名言警句，并随时运用到课堂教学中，经过长期的积累自然会提高语言的运用能力。

（三）语文教学语言对学生的重要性

1.激发学生的学习潜能，提升求知欲

语文课堂中的教学语言最主要的功能是传递知识信息，同时促进学生智力的发展。好的语文课堂教师语言，就可以引起学生的兴趣、引发学习动机，能做到寓教于乐。

"授人以鱼，不如授人以渔"，与传播知识相比，让学生学会学习、主动学习，有终身学习的愿望和能力是基础教育更重要的目标和任务。教师用爱的语言也会激发学生想学的激情。在课堂上，善于捕捉学生的闪光点，用爱的语言加以肯定和赞许，会有意想不到的惊喜。学生的学习兴趣会空前高涨，学习动机也会增强。教师的教学语言要简单、明了，帮助学生认识自己语文学习习惯的优缺点。另外，还可以明确语文学习习惯的改进方向，强化学生的改正意识，引导他们养成良好的语文学习习惯。

2.活跃学生的学习思维，进行个性化发展

语言是思维的工具，思维又是语言的内容，两者相互依存、相辅相成。教师的语言尤其是课堂语言对引导学生思考、开启学生思维之门、培养学生个性具有十分重要的作用。

（1）在教师讲解之前，应该给同学们留有足够多的时间，让他们去熟读课文，对文章所讲述的内容和表达思想有一个大致的思考，并明确学生自己的疑惑之处。在课堂上，应该让学生自己发表见解，不论见解是否到位，即使是浅显的见解也是值得肯定的。教师

不应该执着于学生回答的准确或者见解的深入，而应该重点激发学生回答问题的渴望，激发他们的主动性，用鼓励和赞赏推动学生提出独到的见解。

教师要鼓励学生大胆表达自己的意见与看法，相信学生的见解，对独立的见解应给予鼓励，对有价值的见解要充分肯定和赞扬，教师用肯定或赞许的评价性语言给予学生的反馈也就是肯定了学生的个性思维。这样就会让每个学生展开想象的翅膀，在探究中有所发现，创造性的思维能力也会逐渐提高。当学生对所讲的内容有异议而又有道理时，教师要给予高度的评价，鼓励学生的创造性思维。

（2）在课堂提问的设计上，少一点约束，多一点开放，对学生的发言进行开放式的评价，在多种思想观念的碰撞下达成共识。学生的评价也能很精彩，更重要的是，学生之间的评价，让学生学会倾听他人的回答，学会欣赏与分享他人的精彩，点燃他们积极参与课堂教学的激情，为他们提供展示自我的舞台。板块教学的单项性，通过学生间评价使得课堂变成了多向性，真正由"线"走向了"块"。这种开放性的教学形式，能激发学生的活力，不断引起学生理解、认知、探索、发现以及想象和表现的渴望，从而最大限度地提高课堂教学效率。学生的这种创造性思维是在学校学习时解决新课题、新问题的过程中得到孕育和发展的。在教学中，不仅要重视知识的最终获得，还要重视帮助学生理解知识的形成过程，更要重视学生获取知识的探究过程。

3.引导学生提高审美，提升道德的水平

教师的课堂教学、教导语言在这一阶段会对学生的道德水平以及审美能力产生很大的影响。教师对学生的影响是广泛的，语文教师只要开口说话，他自己的一些价值观念、思想情感就已经影响到了学生，通过自己的课堂语言来向学生传授正确的三观（世界观、人生观、价值观），指导学生认识正确的道德标准，提高自身的思想素质，知道善、恶。通过潜移默化的言传身教，引导学生树立良好的道德价值观念。

好的教师教学、教导语言是能提高学生的审美能力和提升他们的道德水平的。例如，在《春望》一课中，诗一开头便紧扣题目，书写国家多难、亲友离散，时局让人感慨万千。诗意反复跳跃、含蓄深沉，既朴素自然，又曲折有致。教师可以根据意境描述一段文字，很快地把学生带入了杜甫当时的心境中，丰富了他们的审美情感。同时，他们的审美鉴赏力和审美创造力也得到了提升。想要成为一名优秀的语文教师，必须学会利用课堂语言来营造课堂氛围。如灵活运用修辞手法，活化所学课文，创造一个引人入胜的课堂教学，吸引学生的兴趣。通过良好地运用课堂语言，提高教学效率来让学生的学习效果更加明显。还能通过充满美感的课堂语言，引导学生加深对美的理解，提高审美能力。

二、语文教学语言的组成部分

（一）导入语

语文课程正在向素养立意的教育目标转变，既要获得知识技能的外显功能，更要重视学科内外的隐性品质，要让学生在经历、体验各类启示性、陶冶性语文学习活动之后，逐渐将多方面素养进行综合、内化，成为一种思想品质、精神面貌和行为方式。在进行新的教学内容时，教师通常用导入语自然而然地引出新的教学内容，起到引入的作用，以培养核心素养为目标的课堂导入语要具有引导、启发课程的作用。导入语要自然，要讲究方法，导入语还要新颖、别出心裁，让趣味性和知识性结合起来。

第一，在导入语的呈现方式上，应该尽量平等、友善，调动课堂氛围。语文课堂教学中导入语主要有两种类型：①"直接导入法"，这种方式直接进入课文主题；②"间接导入法"，如以讲故事的形式、各种游戏、以教师和学生的随意的生活聊天等展开一节课的教学。例如，在《雨的四季》这个课文中，对雨进行了生动细致的描写，文中写出了四季不同的景象，并且通过比喻、拟人等修辞手法，将雨的特点表达出来，如春雨的美丽、娇媚，夏雨的热烈、奔放，秋雨的端庄、沉静，冬雨的自然、平静，这种生动形象的表达方式，能让学生身临其境，面对面地体会到雨的美好。整篇课文充满了作者对雨的爱恋和对生活的热爱，并且在很大程度上引导学生发挥想象，激发创造能力。有利于教师创造性地理解和使用教材，引导学生在实践中学会学习，让他们获得初步的情感体验，感受到四季、大自然的美好。

第二，在导入语的运用上，注重调动学生的积极性。目前，教师为了活跃课堂学习氛围，通过使用多媒体开展游戏教学等一系列的导入形式来活跃课堂氛围，但语文教学的课堂效果却无法达到其他学科的教学效果，导入效果并不明显。在实际的教学实践中，教师要对班级的学生有全面的了解，如果教师在课堂上能够抓住学生的兴奋点，能让学生把注意力集中到课堂上，而不是让其思想游离于课堂之外，更加专注于课堂的教学内容，则能达到事半功倍的效果。

第三，导入语的语言要全面设计，体现教师的个人特色。每一位教师都有自己的教学特色，是其他教师所取代不了的。相同的课堂导入语形式，在不同教师的课堂中，所达到的效果完全是不一样的。在实际的教育教学过程中，每一位教师在长期的教学实践中，已经形成了自身区别于他人的独特的教学风格、教学个性。

（二）讲授语

讲授语是教师课堂教学语言的主体，也是教师课堂语言的精华。在课堂教学中，越来越注重学生的参与度，在进行讲授时，教师不再是主角，课堂变成了学生自主探究语言文字运用的规律，增强对语言文字运用的敏感性，提高探究、发现的思维能力的场所。系统讲授加上有效引导的语言，体现教师在教学过程中的重要地位和教学才能，是学生获得知识的重要来源，也是学生素质全面均衡发展的重要媒介。

第一，从形式上来看，讲授要形象生动、富有感染力。生动讲授是指教师在讲授时能运用生动形象的语言、丰富多样的非言语表达以及饱满的热情使讲授生动有趣、充满吸引力。虽然语文学科是一门较为抽象的学科，教师在讲授具体的学科知识时，无法再现作者当时的情与境，但是语文教师可以利用自己的语言渲染教学情境，让学生充分感受到作者当时的心境，更快地融入课堂中。

第二，从讲授语的内容上来看，讲授要明确教学对象的特征。教师要关注学生的心理、生理等方面的特性，抓住学生在学习方面表现出来的一般性特征，同时还应该关注个别学生在学习以及生理、心理等方面表现出来的异于一般学生的特性，针对不同年龄和性格的学生，教师课堂讲授的内容都要做到十分清楚，使不同特点的学生清楚地感知教学目的，清楚地掌握教学内容，处理好整体与个别的关系。

第三，讲授语的选择要关注学生主体。学生在课堂学习中是学习者，在课堂中既有主动性又有被动性。教师都应该关注学生，关注学生的发展，尤其是对学生而言，这是获得知识的主要阶段的课堂讲授部分，教师更要关注到班级里的每个学生。教师的课堂讲授语就是把高难度的知识转化成易于理解和接受的知识的一个重要工具，以学生为主体。

第四，在讲授语的方法上注重多样性。教师在课堂中对讲授语形式的选择是自由的，且可选择的种类有很多，如重难点讲授法、顺序讲授法等。正确地进行讲授要做到讲授方法正确、教学目的清晰界定、重点突出、难点突破。教师在讲授活动中，要敏锐地辨析学生的反馈信息，帮助学生对这节课的重点、难点进行突破，对主要思想内容有所了解。因此，在实际的教学实践中，教师不要仅仅局限于一种形式的讲授语的选择上，而要通过选择多样化的形式，来帮助学生从不同的侧重点方面对这节课的内容做一个更全面、更细致的了解，要注意各种讲授语形式的综合、合理运用。以指导学生理解词句为例，其方式就多种多样：或创设情境表演动作，或通过想象画面理解，或是通过板画展示理解。这样多姿多彩的过程，既丰富了学生对词语的理解，又为课堂增添了无限的情趣。

（三）提问语

语言文字运用和思维密切相关，语文教育必须同时促进学生思维机制的发展与思维品质的提升，最有效的提升途径就是在思考和回答问题中进行提升。这里的提问主要指在讲解课文内容时所涉及的提问，不包括导入环节中使用的提问，以及在总结环节中所提出的问题。语文教育也是提高审美素养的重要途径，要让学生在语言文字运用的学习中受到美的熏陶，培养自觉的审美意识和高尚的审美情趣，培养审美感知和创造表现的能力。提问不只是一种教学方法，也是一种比较复杂的教学艺术。

第一，提问语要有思维启发性。学生对每篇课文的学习，不是从一开始就感兴趣的，因此要针对学生的心理特点，采用不同的方法调动他们思考的积极性。通过对各位教师的课堂教学情况进行分析发现，课堂提问是教师在课堂教学中运用的最为普遍的一种手段，而且在课堂的整个教学阶段中几乎都用到课堂提问。教师在使用提问语的过程中，要注重提问语的连贯性。一堂课中，恰当的教师提问语要关乎课文的内容，而且严格按照课文的内在逻辑顺序进行设计。

第二，在提问语的表现上要有创新。在传统的教学方式和教学理念中，课堂提问是推动教学进度、拓展教学过程的重要渠道和方式，然而，在课堂提问的过程中往往存在着大量琐碎的问题，影响了教学进度的推进和课堂效率的提升。教师在课堂教学的过程中，需要对提问环节进行有序的安排和设计，借此来推动教学进度的进行和教学改革的发展。通过教师来进行"提问"可以将课堂教学的重心重新回到课堂上来，加快课堂教学的进行，加快学生对文章的理解，引导其进行相应的思考。加快课堂学习的进度，从而节省更多的时间来进行深层次的课堂学习，营造以学生为主的课堂教学模式。

第三，提问语要有教学的针对性。根据不同学生选择运用提问语的具体形式，对不同形式的提问语的运用，一方面，低年级阶段的学生，各方面的发展都比不上高年级阶段的学生，所以在低学龄阶段的课堂中，教师提问语的表现形式多为简单提问；另一方面，在高学龄阶段的课堂中，教师提问语的表现形式受多个方面因素的影响。除了年龄之外，设置问题的目标也要对准中心点。设计课堂提问要根据教学目标，抓住难点，根据教师课堂提问的内容改变教师课堂提问语的表现形式，选择适合学生学习的课堂提问的形式，帮助学生更快、更容易地理解课文内容及其思想精髓。

总而言之，课堂提问是教师在教学过程中最为基础的教学形式，但这简单的提问中却包含了教师对学生的教育和引导，课堂中的每一次提问都源自教师对教材的理解和解读。随着学生所处的年龄阶段的不同，教师在提问方式上也会有所改进和创新，课堂提问语在某种意义上反映了教师自身的教学智慧和对学科的理解。当然，教师也要给予学生一定的空间，让学生能主动提出问题，自己思考并解决自身关于课文的疑惑，提升学生积极动脑筋的思维活动。

（四）点评语

语文核心素养需要在真实的语文学习任务情境中综合考查，教师的课堂评价语言既是教育理念的体现，也是教师对课堂教学结果的反馈信息。教师的点评语，可以让学生更清楚地认识到自己在课堂中的表现，以及自己对课堂教学内容的把握，推动学习进程。教师要注意收集学生在语文实践活动中产生的各类材料，如测试卷、读书笔记、文学作品、小组研讨成果、个人反思日志等对学生进行全面的评价，在全面评价的基础上，再具体针对课堂教学情况对学生使用恰当的点评语。

第一，在点评语的表达上要随机应变。发现学生身上的闪光点，要肯定学生的优点。多采取赞赏、激励性的评价，这有助于保护学生的自尊心，激发上进心。每位教师的点评语风格都是其在课堂中结合自己的教学经验、考虑本班学生的能力素质等而综合形成的，因此，点评语还有根据不同年级、不同性格、不同特点的学生，表现出一定的差异性，例如，高年级阶段的学生，在生理、心理等各方面的发展也更加完备，教师在课堂中的可操作性的空间更大；低年级的学生心智还不成熟，应多用鼓励、表扬的话语。教师评价语言应该灵活多样、随机应变，让学生爱听、想听、百听不厌。

第二，点评语要敢于批评，指明方向。教师的评价，不能只是一味地表扬，否定性的语言不会扼杀学生的灵性与智慧，也不是不尊重学生，语文教学要树立正确的价值观，照顾到学生的个性差异和主观体验。当学生的认识出现偏颇时，教师的评价要做到表扬与批评结合起来，鼓励优秀、指出不足、激励后进，就是对学生在课堂中的表现给予半肯定式的点评。对学生有针对性的评价才是真正着眼于学生的发展的，如果教师没有准确客观地指出学生的长处及存在的问题，学生也就失去了一次"扬长避短"的机会。

第三，点评语要注重个性化。每个学生在知识、信息膨胀的时代中成长起来，有着完全不一样的个性特征、完全不相同的行为表现方式。在课堂中，教师在针对学生的课堂行为进行点评时，一定要注意点评的"个性化"特征，了解每个学生，对每个学生的行为都给予不一样的回应，让学生感受到教师对自己的关注，激发他们的学习热情。

（五）指示语

指示语作为语文课堂的重要教学语言的一种，是指在课堂上教师发出的针对学生和教学进行管理的语言，明确学生在课堂中应做的事情、不应该做的事情，指导学生的课堂行为，从而保证教学顺利进行的语言。指示语最能体现教师在课堂中的应变能力以及在组织协调课堂秩序方面的能力。恰当的指示语应该做到既能让学生明确地知道下一步的行动，又不会感到过度的压迫感，乐于接受教师的指示，自主学习、快乐学习。

第一，在指示语的运用上，注重使用策略。指示语在课堂中的运用具有一定的普遍性，它可以将全班个性各不相同、智力不等的学生统一在教学活动中，有序地展开课堂教学活动，因此，教师在每节课中要会运用一系列的策略来帮助学生明确本节课要完成的任务。在课堂教学中，教师往往会根据实际的教学状况，制定不同的策略来引导学生进行学习。教师在教学中，通常会采取三种教学策略，也就是直接策略、规约性间接策略和非规约性间接策略。所谓直接策略，就是通过教师向学生明确规定课堂中的学习任务和学习内容，采取直白的方式让学生直接参与到学习中；规约性策略也就是对课堂学习中学生的言行进行一定程度的规范；非规约性策略就是教师通过发散思维的方式让学生进行学习，寻求教学知识的主要内容。作为学生，在知识、能力等方面存在一定的局限性，所以需要教师站在一个制高点引导学生学习，通过采取直接策略和非规约性策略来帮助引导学生；当学生存在着课堂学习积极性不高、缺乏足够的自控能力和理解能力时，可以采取直接性策略和规约性策略。

第二，指示内容应注重结构安排，关注内容与规范。教师在制定课堂教学任务时，需要对所布置的内容有着清晰、合理的认识，既能包含所学的知识内容，也能够满足学生自我学习和成长的需要。优秀教师的课堂，既是学生获取科学文化知识的场所，同时又是学生社会化发展的一个重要场所。教师在课前已经明确这一节课的学习任务，更重要的是让学生学会按照规范要求进行自主学习，养成良好的学习行为和学习习惯。教师在课堂中所使用的指示语一类是教师对学生提出的关于文本的要求，也就是教师对学生提出的如何解读课文、如何更深层次地理解课文内容的要求，还有就是对课文以外的相关方面的拓展。

第三，在指示语的呈现上应注意表达的语气，要平和、活泼。指示语一般带有一定的强制性和不容更改性，所以教师在课堂中使用指示语时一定要注意发出指示语时的态度与语气。教师应该清醒地认识到自己不是课堂的主体，学生才是课堂的主体，因此，教师的指示语的语气应是亲切的、语言是柔软的，有助于营造良好的师生关系，拉近学生同教师之间的距离，加强二者之间的交流，促进师生感情的升温。通过营造良好的师生关系以及学习氛围，有助于提升学生在课堂上的表现能力，避免其因为害羞而影响课堂的学习效率，有助于加强学生的自信心和课堂学习氛围的提升。教师在和谐的教学氛围中也有助于教师教学水平的发挥，清晰、直观地向学生表达学习要求，让同学们更好地理解教师的思想内容和教学理念。在实际的教学过程中，教师强硬的态度已经在不经意间挫伤了学生学习的积极性，因此，在教学的实际过程中，教师要格外注意自身在发出指示语时的语气与态度。

（六）结束语

通过语文课本中语言文字作品的学习，学生懂得了尊重和包容、理解和借鉴不同民族、不同区域、不同国家的文化，吸收人类文明的精华。一节课的最大收获不仅仅是课本知识的掌握，还是让学生体会世界文化的博大精深、源远流长，增强文化自信，理解、认同、热爱世界文明，继承、弘扬优秀传统文化。结束语以课堂教学结尾部分采用的语言形式呈现其独特的作用。语文课堂教学语言的结束语与其他课堂的结束语相比，有着明显的特征，它起着承上启下的作用，教师也更加注重其在课堂最后情感性的表达、启发式的作用。

第一，结束语在表达上，不要以教师为主体，要兼顾学生的情感。结束语的表达多以师生互动协商式，这种表达方式，体现了教师对学生充分的尊重，平等地对待学生和教师，体现了学生是课堂教学活动的主体，有利于培养学生主动学习的意识。

第二，在结束语的内容上，要兼顾情感和教学任务，不可偏废其一。教师在课堂中选择结束语的表达形式、表达风格等各方面时，绝不是思维的天马行空、随意乱造，而一定是根据某种科学的依据进行具体的设计，并选择课堂结束语。教师不应该把眼光局限于某一种形式或内容，而是遵循以教学目标最终的实现为原则，兼顾个人及学生的情感进行结尾。

第三，在进行结束语的形式选择时要注重变换不同的风格。结束语的模式有任务委托式结语、愿景期待式结语、抒情式结语。其中，任务委托式结语，就是教师在课堂学习之后，对学生所提出的学习任务的安排和布置，是对学生课后学习的一种激励；愿景期待式结语也就是教师在课堂学习结束之后，对学生表达对未来的美好期许，对学生茁壮成长的期盼；抒情式结语是说教师将师生之间的情感进行讲述和表达。不同的教师选择的表达模式不一样，同一课程也会选择不同的表达方式进行综合。在实际的教学中，教师不应局限于结束语选择模式上的多与少，更重要的是要让自己的课堂充满生机，让学生在学习中体会到学习本该就有的乐趣，让他们有进一步主动了解和学习的渴望。

三、语文教学中的思维训练方法

（一）形象思维的训练

1.形象思维训练的意义

说到思维能力的培养，就不能只想到抽象思维，而忽视形象思维。须知，这两种思维能力的培养应该是相得益彰、相辅相成的。如果没有形象来支撑，抽象思维的发展就会受到影响。现代大脑科学研究认为人脑是由左右两个半脑组合而成的。由左半球主管语言、逻辑、数字的运用；由右半脑主管音乐、美术、空间的知觉辨认。从思维角度看，左脑的功能是主管抽象思维，右脑的功能是主管形象思维。人的思维活动正是在左右两个半脑的共同配合下完成的。教学特别是语文教学，要最大限度地同时开发学生的左脑和右脑，这样学生的抽象思维能力和形象思维能力才能齐头并进。

形象思维对于学生的语文学习有着特殊的意义。语文教材中大量的诗歌、小说戏剧、散文，这些文学作品的创作，主要借助的是形象思维，学生对这些作品的鉴赏也主要靠形象思维。学生的记叙文写作训练，特别是诗歌、散文等的写作训练，从立意选材到布局谋篇，再到遣词造句，哪一个写作环节也离不开形象思维。这说明语文学习需要借助形象思维，也说明语文学习对于发展学生的形象思维能力具有得天独厚的优势。学生有了形象思维能力，不仅可以帮助他学好语文，而且可以帮助他学好其他学科。

形象思维的运作机制是无论创作还是鉴赏始终离不开形象，形象要借助想象与联想、想象与联想要靠情感来推动。形象、想象、联想、情感是形象思维的四大要素，也是形象思维的运作机制。因此，语文教学中培养学生形象思维能力主要是培养感受和描写形象的能力、培养想象能力、培养联想能力，从而学会把握审美情感。

2.形象思维训练的途径

（1）训练学生感受形象与描绘形象的能力。事物的形象就是形象思维所反映的对象。语文课中诗文的形象主要指文学作品中的语言形象，即以语言为手段而形成的文学形象，是作者的美学观念在诗文中的创造性体现。形象的具体因素包括环境、人物、场面、情节等。形象思维的第一要素是形象，训练学生的形象思维，就要引导学生从诗文的阅读中去感受形象，从诗文的习作中去再造或创造形象。

第一，训练学生在阅读中感受形象。文学形象具有知觉、表象和想象所能把握的生动可感的属性。它不同于科学上标示抽象一般的种类、性质的图示和模型，而是表现为具体、生动、独特和个别的形态，或是一派景象，或是某个人物。引导学生感受景物形象，就要让他们感受形象的意蕴从景物形象中窥探作者的情感世界，看作者怎么借助景物形象来传情达意。例如，教《装在套子里的人》，教师可先让学生通过阅读，整体感知课文，抓住"套子"理出小说的情节结构，让学生初步认识别里科夫的表里如一的"套子式"的性格特征，然后采用探究合作的方式来深入理解别里科夫的人物形象。

第二，训练学生在写作中描绘形象。学生作文少不了记人叙事、写景状物，这必然涉及形象的描绘，是在写作教学中训练学生形象思维的重要环节。训练形象描写可以与阅读鉴赏教学结合进行。写作开始不一定成篇，可先练习写片段。

训练学生在阅读鉴赏中模仿创新形象。人们在学习和实践中积累起来而储存在大脑中的知识单元，被思维科学称为"相似块"，这种"相似块"大量地存在于客观事物和认识主体的思维活动中。所有的创新都是一个相互套在一起，由小到大、由低级到高级的综合相似形或更大的体系。创新通常就在于发现两个以上的研究对象，设想之间的联系或相似点。阅读鉴赏就是储存和丰富学生大脑中的相似块。写作中的模仿就是大脑中的相似块的自动会合、接通、激活的过程，从中产生的同中异变，便是推陈出新的思维成果。借鉴课文的迁移训练实际上是模仿创造技法在作文教学中的运用，是一种读写结合的有效方式。在模仿中创新，就是要以读带写，以写促读，在阅读中渗透作文。学生学习描绘形象的训练，完全可以采取模仿课文的方式进行，其关键是教师要加强指导。

例如，朱自清的《荷塘月色》中有一段描写荷塘下面月色的名句：层层的叶子中间，零星地点缀着些白花，有袅娜地开着的，有羞涩地打着朵儿的；正如一粒粒的明珠，又如碧天里的星星，又如刚出浴的美人。针对这段描写，教师指导学生仿写可按以下步骤进行：

首先设计一个问题：请仿照上面这句话，另选一种景物进行描写，要求用上面这句话的基本句式，并运用排比、拟人和比喻的修辞手法。为了有效地完成这一仿写训练任务，教师首先要引导学生对这句话的基本句式、修辞手法做具体分析，为后面的仿写提供凭借。通过分析，学生可明确"层层的叶子中间，零星地点缀着些白花"，这是点出描写对象——荷花；"有袅娜地开着的，有羞涩地打着朵儿的"，这里是两个拟人句，拟的是少女的姿态和情态，富有神韵、惹人爱怜，将一个状动结构和一个状动宾结构分别放入"有……的"之中；"正如一粒粒的明珠，又如碧天里的星星，又如刚出浴的美人"，这里连用三个比喻构成排比句，描摹淡月下荷花的美感，"明珠"比喻淡月辉映下荷花晶莹剔透的闪光，"碧天里的星星"比喻绿叶衬托下的荷花忽明忽暗的闪光，"刚出浴的美人"比喻荷花不染纤尘的美。三个比喻是三个偏正短语构成的并列关系。

厘清了仿写对象的基本句式和修辞手法后，教师再做仿写示范引路，并做扼要分析：悠悠白云中，隐约地横亘着一座座青山（点出描写对象青山）。有腼腆地躲进雾霭的，有大方地露出真容的（两个拟人拟出山或隐或显、扑朔迷离的朦胧美），正如一柄柄直指碧空的利剑（比喻山挺拔高俊），又如苍穹中腾飞的一条条巨龙（比喻山形的绵延起伏），又如一道蜿蜒的绿色屏障（屏障比喻山紧连着山、岭紧挨着岭的态势）。这就写出了云雾中山的美感。有了以上两个步骤的铺垫，就可以让学生做仿写训练，然后对学生仿写的语言进行讲评。

训练学生在阅读鉴赏中再造艺术形象。在文学文本中，在人物性格、对话、生活场景、心理描写细节等方面都存在许多空白和未定点，这些空白和未定点本身就提供了再创造的可能性和限度，这是对读者的一种召唤和等待，召唤读者在其可能范围内充分发挥再创造的才能，这就是艺术作品的召唤结构，或者叫结构的召唤性。"画了鱼儿不画水，此间自有波涛"，这没有画出来的波涛，这意会中的波涛，就是艺术空白。凡艺术均有空白，绘画的虚笔，建筑的借景，音乐旋律的歇拍，电影、电视的空镜头，书法的笔断意连，文学作品的模糊性，均是艺术空白。艺术家们通常通过"空白"和不完满的形，给欣赏者以无限广阔的想象空间，造成更大的刺激效果。例如，陶渊明的《饮酒》，诗中有"采菊东篱下，悠然见南山"，该句中陶渊明所见的南山之景并未明确地描写出来，这就是一个艺术空白。

在综合性学习训练中丰富学生形象。综合性学习实践活动作为一种课程被纳入语文学习之中，使语文课程由封闭走向了开放，意义深远。语文综合性实践活动能够很好地使语文自身的听、说、读、写活动实现有机统一，使语文与生活实现紧密连接，使语文与其他学科实现交叉整合，使书本知识学习与实践运用实现紧密结合，因而在语文综合性学习实践活动中训练学生的思维能力较之其他语文活动具有更广阔的空间，训练的灵活性、综合性、多元性更强。形象思维是综合性学习的起点。形象是人的大脑对外界事物的印象，这种印象通常可以借助物化的形式加以再现，从而为人的感觉所把握。因此，教师在开展语文综合性学习实践活动中，要创设问题情境，丰富学生形象。

（2）训练学生的想象力与联想力。在形象思维中，无论是感受形象，还是描绘形象，都要借助想象与联想。想象与联想是形象思维的主要加工方式，因此培养形象思维能力，就要培养学生的想象与联想能力。

在识字教学中训练学生的想象力。汉字符号是单一、表象、修辞的符号。汉字具有十分鲜明的形象性特点，又具有丰富的文化内涵，蕴藏着思维方式、审美观念、社会心态和价值取向，所有这些决定了汉字能给人以广阔的想象空间。例如，教师从一个"飞"字，仿佛能看到一种飘飘欲仙的神态，从一个"饭"字，让人想到"民以食为天"，想到"兵马未动，粮草先行"的道理。因此，识字、写字教学还能训练学生的想象能力。

在识字教学中训练学生的联想力。汉字本来就是"物与形""理与字"的联想的产物，所谓"依类象形""分理别异"就是这个道理。因此，识别汉字最容易引发人的联想。教师可以引导学生借联想辨别部首帮助识写一类文字。例如，以"木"字为基础，可联想到"杆""桂""标""梧""树"以"心"为基础可联想到"思""想""念""愁""息"；凡与太阳有关的字，均有一个"日"旁；凡与语言有关的，都有一个"言"旁；凡与水有关的，必有一个"斗"旁。根据汉字音、形、义三位一体的特点以及六书的造字方法，在识字教学中可以凭借生活积累以及知识储备，从汉字的原型出发，展开由此及彼、由近及远、由浅入深的联想，来理解汉字的形、音、义。

教师借联想构建字形字义联系，编写字谜让学生猜，使学生在猜字谜中识记生字。学生随着识字量的增加、知识面的扩大、生活经验的丰富，可通过联想自创谜语来认识生字。教学"奋"字，学生编出：一群大雁天上飞。教学"美"字就编出："羊字没尾巴，大字在底下"。学习"金"字就可以编出：一个人，他姓王，口袋里装着两块糖。通过直观手段、形象语言，把一个个抽象的汉字演绎成一个个生动的故事和一幅幅有趣的图画，激活了学生的思维创造力，既能展现语文课的趣味性，又能提高识字效果。

利用偏旁部首记字。汉字中有很多合体字，记忆这些字就要依据形声字和会意字的造字特点，让学生加一加、减一减、换一换，快捷熟练地记住。特别是形声字的识记规律一定要通过不断的训练，让学生牢固掌握，但要灵活应用。

（二）抽象思维的训练

抽象思维是思维的高级形式，又称为抽象逻辑思维或逻辑思维，也有科学家称为分析思维。抽象思维就是舍去了事物的具体形象，主要以语言为载体的思维方式。其主要特点是通过分析、综合、抽象、概括等基本方法协调运用，从而揭露事物的本质和规律性联系。抽象思维是人类所特有的，而且只有在达到一定年龄阶段后才会出现，它是心理发展到高级阶段的一种水平较高的思维。抽象思维的训练，在语文教学中占有很大的比重。几乎每一节阅读课或每篇作文，都涉及对学生的抽象思维训练，关键在于教师能否从发展思维的意义上去看待这些训练，提高思维训练的效果。

在语文教学中对学生进行抽象思维训练，必须遵循两个原则：一是要根据学生的年龄特点来进行抽象思维训练；二是要结合语言的理解来进行抽象思维训练。

1.根据年龄特点训练抽象思维

在语文教学中，对学生进行抽象思维训练，必须以学生的年龄心理发展的阶段性特征为原则。初中阶段按低、中、高三个年龄段分为三个学段，要尽可能了解和掌握年龄段的心理特征、认识规律，根据三个学段的相应学习内容特征，激发学习的兴趣，及时进行思维训练，凭借直观形象、启发引导、抽象思维，分段要求、逐步到位。

2.结合语言理解训练抽象思维

语言是思维的工具，是思维的载体。离开语言，思维就无法进行。语文就是口头语言和书面语言的合称。故而，在中小学语文教学中训练学生的抽象思维，必须遵循结合语言理解的原则。

（1）理解语词的概念意义。事物概念的表达需要借助语言形式，语词就是表达概念的外显形式。在语文学习中训练学生的抽象思维，就要指导学生在理解语词含义的同时，理解其所指称的事物概念的含义，包括其内涵与外延。

（2）理解语句的判断意义。语句是表达判断的主要形式。判断作为一种思维形式，其存在与表达也都要依赖语句。如果没有语词和语句，人们就不可能进行思维，也就不可能形成概念，进行判断与推理。作为思维形式之一的判断就是由语句表达的。在日常语言表达中，人们既是在使用语句，也是在运用判断。若出现病句，除了有语法上的原因外，还有判断不恰当的问题。因此，弄清语句与判断之间的关系，理解语句的判断意义，准确把握语句表达判断的各种具体情况，对于有效地避免病句的产生、准确恰当地运用语言表达思想，具有重要的意义。

（3）语句是判断的表达形式，判断是语句的思想内容。不依赖和不借助语句的判断是不可能形成、存在和表达的。尽管语句与判断密不可分，但它们之间的区别还是很明显的。如前所述，语句具有民族性，判断则是一种思维形式，不具民族性，或者它具有全人类性；任何判断都必须用语句表达，同一个判断在不同民族语言中，是用不同语句表达的，但并非所有语句都表达判断；判断总对事物情况有所断定，而且总有真假，而语句却未必，其中陈述句与疑问句中的反问句、以陈述句为基础的感叹句等，对事物情况进行了断定，都有真假之分，因而都表达判断，但其他疑问句、祈使句、感叹句等，没有对事物情况进行断定，当然也无真假可言，都不表达判断。再有，不同的语句可以表达同一个判断，同一个语句可以表达不同的判断。

（4）要准确表达思想，必须重视句式的选择。汉语的句子有单句以及复句之分。根据判断本身是否包含其他判断，判断有简单判断和复合判断之别。一般而言，单句表达简单判断，复句表达复合判断。就单句与简单判断而言，主语与简单判断的主项（包括它前面的量项）相对应，谓语则与简单判断的谓项（包括它前面的联项）相对应。

（三）创新思维的训练

创新思维是一个多层次、多水平、多阶段的思维系统。创新思维可分为两大层次：首先是特殊才能的创新思维，如科学家的创造、发明；其次是自我实现性的创新性思维，指个体在发展意义上的、自我潜能上的有意义的创造性开发。中学生的创新思维就属于自我实现性层次。这两个层次之间并非截然分开的，自我实现性层次的创新思维，是特殊才能层次创新思维的一个基础，特殊才能层次的创新思维，是自我实现性层次创新思维的飞跃以及结果。

教师所说的创新教育，就是指在基础教育阶段，以培养中学生的创新精神和创新能力为基本价值取向的教育实践，着重研究和解决如何培养中学生的创新意识、创新精神和创新能力的问题。这是提高语文教学质量的需要，更是我国社会主义事业发展的需要。初中生的创新思维是自我实现性的、个体在发展意义上的创造性开发；创新思维离不开逻辑思维的作用。因此，在语文教学中培养学生的创新思维，还要运用逻辑思维的方法，要以非逻辑思维为核心，把逻辑思维与非逻辑思维融合起来，在语文能力训练中渗透发散法、聚合法、逆向法、想象法、联想法、直觉法、不完全归纳法、头脑风暴法、类推法等非逻辑思维因素。

1.营造和谐气氛，鼓励学生发散思想

新课程呼唤尊重民主，强调自主发展。因此，新课标下的教学模式不再是教师主宰学生附和、教师讲学生听的刻板模式，而是要充分激励学生学习的主观能动性。因此，营造自由和谐的课堂氛围，调动学生主动学习、自主探究、合作共进的积极性，势必成为每位教师的共识。语文教学是一门塑造核心的艺术。作为关注学生情感的语文教学，不仅要把诗情、文情传送到学生心中，而且要精心地给学生提供表达自我认识、评价情感的条件。语文课堂要体现其人文性特点，师生是平等的合作者，要彼此尊重、互相依赖、相互合作。只有在这样的氛围中，师生之间才能够形成互动交流的对话平台，学生才能够轻松愉快、活泼热情、兴趣盎然地放飞思想，充分发挥他们的想象力，以最佳的状态进入语文学习，焕发语文课堂独有的魅力。营造和谐的教学氛围，首先需要培养良好的师生关系。

作为教师，加强与学生沟通、建立良好的师生关系是非常重要的。教师要热爱每一位学生、尊重每一位学生，对学生一视同仁。教师的语言、动作、手势和神态要让学生感到可亲、可信，要能不断激发学生的求知欲，激发学生不断克服学习困难的决心，使学生产生幸福和愉快感，激发学生的学习兴趣。对学生回答的问题，不要简单地否定或肯定，要启发学生多问，并让学生说说自己是如何想到的、怎么想的；鼓励学生不懂就问，大胆质疑、解疑，这样才能激发学生的学习兴趣和学习的劲头。

2.重视实施教学民主，张扬学生个性

实施教学民主，就需要改变传统的教学观念，尊重学生在语文课堂上的主体地位，注重培养学生的独立性和自主性，让他们主动去好奇、了解、认识和接受，从而达到预期的学习目标。同时，通过创设多种适宜的活动，引导学生勤于思考、多从不同角度去进行质疑和反思。让课堂真正成为学生主动思考、多向思维的场所。新课程理念强调建设开放而有活力的课程，关注学生的情感、态度和价值观，彰显学生的个性。这就要求在教学的过程中，应该针对学生的特点，实施开放式教学。

语文的答案是丰富多彩的，语文学科的魅力正在于此，语文课堂的活力也在于此。同一个问题，由于学生的生活经历、知识素养、心理状况等不同，得出的答案也可能是千差万别、异彩纷呈的。这就是创造力的表现，也正是教师需要悉心呵护和着力培养的。教师要多给学生展开想象的时间和空间，多给学生发表意见的机会和自由。学生在一种无拘无束、自由畅达的空间中，自由参与、自由表达，通常能产生一种宽松、愉悦、新奇的心理体验，学习的兴趣也就高涨，从而诱发潜在的创造潜能，迸发出创新思维的火花。

3.激发学习的兴趣，呼吁觉醒创新意识

如果教学方法得当，学生对知识的内容产生兴趣时，他们的思想就会活跃起来，记忆和思维的效果就会得到提高；反之，则把学习看成精神负担，效果必然降低。良好学习习惯的形成和培养，都离不开兴趣。因此，教学中能否激发学生的兴趣，提高学生的记忆效果，无疑是教学成败的关键。教师应不断创设富有变化的、能够激发学生兴趣的学习情境，营造兴趣氛围，不断推动学生的求知欲，激励学生的创造性思维。

例如，在教学《死海不死》一课时，师生共同讨论死海不死的原因，从中进行科学的分析，然后教师要求学生在课后做一些有关浮力的实验，看看水中盐分增多后，浮力有何变化。让学生在课堂教学上，感受实验的不同结果，培养学生的创新意识，激发学生的求知欲和思维创新的浓厚兴趣。激发学生学习的兴趣。首先，要使学生明确学习的重要性。在心理学的认知中，"需要—动机—目标"是构成人的积极性行为心理动力的主要因素。有了需要才能树立动机，有了动机才能确立目标。一个人只有清晰地意识到自己的学习活动所要达到的目标与意义，并且以此来推动自己的学习行为时，这种学习行为才是可持续的。在教学过程中，教师应反复向学生强调知识的重要性。其次，精心营造良好的师生关系。师生关系的好坏直接影响到学生学习兴趣的高低。最后，根据实际适当运用讨论教学，在实践中激发学习知识的兴趣。学生的学习兴趣是在学习实践中形成发展起来的。只有通过实践，让学生体会到语言本身的交际功能，才能真正激发学生的创新思维。

第三节　语文教学的原则与目的

一、语文教学的原则

"教学原则是指整个教学过程中的基本要求和指导原理"[1]，语文教学原则是从语文教学实践中概括出来，又反过来指导语文教学实践的理论，是语文教学中最主要、最本质的内在规律的集中体现，是语文教师处理教材、组织教学必须遵循的法度和准则，"它既指导教师的教，又指导学生的学，应贯彻在教学过程的各个方面和始终"[2]。

（一）"习得性"教学原则

语文中的语言与言语是不同的两个概念。语言是言语的总结和系统化，是由语音、词汇和语法等部分构成的理论体系。言语是个体在特定情境中为完成特定的交际任务对语言的使用。换句话说，言语是人们掌握和运用的语言。

语文教学就是语言和言语的教学。语文课既向学生传授语言知识（如语音、词汇、文字、语法、修辞、逻辑等方面的基础知识），更要发展学生的言语（口头言语和书面语言）能力。所谓言语能力即学生的朗读、默读、复述、背诵、看图说话、对话、发言演讲、写话、作文等方面的实际操作语言的能力。而这种言语能力的培养主要靠实践、训练

① 莫林辉. 浅议《学记》里的语文教学原则 [J]. 亚太教育，2015（3）：27.

② 陈淑丽. 谈语文教学原则 [J]. 新课程·上旬，2014（4）：11.

习得。这就是语文教学先要遵循"习得性"原则的原因所在。语文"习得性"原则在语文教学中具体表现在语文听、说、读、写能力的训练上。由于听、说、读、写能力的整体性、互补性特点。在语文教学中，教师除了对学生进行单项训练外，还应对学生进行听、说、读、写能力的综合训练。读写、说写、听说、听写、听读、读说、听、说、读、写等结合起来训练，以求达到学生"习得"言语的目的。

语文教学"习得性"原则，是符合美国教育家奥苏贝尔"有意义言语学习"理论，以及美国教育家布卢姆"掌握式学习"理论的。在奥苏贝尔的认知中，学生通过"有意义言语"的习得，然后保持、内化，同时就可以输出。这一心理学的分析揭示了言语"习得性"的规律，为教师语文课"习得性"原则提供了心理学、生理学上的依据。布卢姆的认知中，学习是学习过程，教学是教学生学，通过树立目标、群体教学，评价、矫正，学生就可以掌握学习。这一理论，强调的是学习的实践性、训练性，重过程、重掌握，为语文"为会使用母语而教"的目标教学提供了很好的理论佐证。

总而言之，教学是教学生学会学习。把教学的重心放在学生"会学"上，才是现代教学。语文教学是教学生学会言语使用，把教学重心放在学生"会言语"上，才是现代语文教学。另外，语文"习得性"原则还要求语文教师十分重视学生语感培养。所谓"语感"，就是社会的人对语言的感觉，就是在视听条件下不假思索地从感知语音、字形而立刻理解语音、字形所表示的意义的能力。这种能力当然是靠实践、训练习得的。

（二）"创新性"教学原则

所谓语文创新性原则，是指在语文教学中，教师要充分利用教材发挥学生的积极性、主动性，开动脑筋发现、分析、解决教学中的新问题，培养创新性思维的教学原则。这一教学原则提出的依据是：第一，语文学科思维性特点及语文学科"开发智力"的教学任务。第二，素质教育的需要。现代素质教育实施的核心是创新教育。"为创新而教"已经成为学校的主要目标。第三，社会发展的要求。当今世界，科学技术突飞猛进，知识经济初见端倪，国力竞争日趋激烈。时代呼唤创新人才，培养创新人才靠创新教育。

语文创新性教学的主要目标是培养富有创新思维的人才。所谓"创新思维"就是"创造过程中的思维活动"，包括发现新事物、揭示新规律、创造新方法、建立新理论、解决新问题、获得新成果等思维过程。语文教学的新方法、新模式、新观点、新措施、新媒体、新角度，都是创新教育。创新性教学原则还要求语文教师尊重学生学习的主体地位，让学生积极主动地思维，形成一种主动适应、开放多样、向前发展的教学新局面。教育的最终目的不是传授已有的东西，而是把人的创造力量诱导出来，这也是语文教学的真正意义。实施这一原则，语文教学要做到：第一，尊重学生的主体地位，发挥教师的主导作用；第二，培养学生求异、求新、求优的意识与能力；第三，启发诱导，鼓励学生积极探索；第四，因材施教，扬长避短，发展个性；第五，引导学生在创造实践活动中进行学习创新，强调学生多动脑、动口、动手。

（三）"审美化"教学原则

语文审美化教学原则，也称"语文艺术化"教学原则，它是指施教者按一定时代的审美意识，充分发掘施教媒介的审美因素，向受教者施加审美影响，从而开启其内在情智的一种教学原则。语文审美化教学原则的要求与传统的科学只重视"传道、授业、解惑"有着明显的区别。审美化的语文教学是现代语文教学鲜明的特点，它不仅仅重视"认知规律"，更加重视"美学规律"，按美学原理、艺术原则从事语文教学，因此，比传统语文教学更加富有形象性、感染性、愉悦性、和谐性、新奇性和情趣性。学生因在课堂上得到的不仅仅是知识，由此更直接、更深刻地得到震惊感、倾慕感、景仰感、欣慰感、荣誉感等各种美的感受。

审美化的语文教学原则要求语文教师尽可能发掘教学媒介，主要是教材中的自然美、科学美、社会美、艺术美，努力提高学生的感知美、理解美、评价美、欣赏美、创造美的能力，从而塑造学生美的心灵，培养学生对完美人格的涵养和对美的人生境界的追求。语文审美化教学作为一大原则，它指导着语文教学的方方面面。一方面，审美教育是语文教学的目的之一，语文教学要尽可能让学生身心得到愉悦，情操得到陶冶，心灵得到净化，从而增强发现美、欣赏美、创造美的能力；另一方面，审美教育作为手段，贯彻在整个语文教学的进程，施教者以美的语言、美的形式在课堂上发现美，引导学生感知美、理解美、评价美，在学生主动参与，拥有情感愉悦的同时，掌握知识、培养能力、发展智力。

（四）"民主化"教学原则

现代"民主化"教育要求教育机会均等，以及教育平等，要求恢复人类求知的自然动力。语文教学更讲民主。言语学习讲究语感、语境，追求美感以及愉悦，因此，它要求施教者与被教者平等相处，形成和谐、宽松、活泼的课堂气氛。只有这样，语文课才能真正做到潜移默化、熏陶感染。

"民主化"教学原则，要求教育者尊重受教育者独立人格，树立为他们服务的思想。没有独立的人格，更谈不上自由的创造性和德行。学生是学习的主人，他们享有自由发展的权利。只有让学生主动学语文，语文才能真正学好，这是不争的事实。因此，教师提倡师生协商、平等相处。上课要求语文教师态度温和、语言幽默、方法灵活、手段多，提倡使用富有现代化民主思想的问题教学法、谈话法、讨论法、辩证法。

总而言之，语文教学的过程，实质上是一个矛盾运动的过程。语文教学的每一条原则，都反映了语文教学过程中，彼此对立而又相互联系的两个方面，体现了既矛盾又统一的一对辩证关系。在语文教学原则的具体表述上，或是"相统一"，或谓"相促进"，或称"结合起来"，无一例外地都体现出一种正确处理语文教学过程中，矛盾运动的辩证思想。这给语文教学设计以深刻的启迪：语文教学要用辩证思维，要讲辩证法。因此，站在哲学的高度，运用辩证唯物主义的认识论和方法论，正确认识和处理语文教学中人和书、师和生、文和道、知和能、内和外诸种矛盾关系，便是语文教师教学设计的匠心所在。

二、语文教学的目的

教育是有目的的行为，是教育者有计划地对受教育者施加影响的过程。语文教学的目的是语文教学的缘起和归宿。语文教学的全部过程、所有层面和一切工作都要服从并服务于语文教学目的的实现。语文教学的目的主要是由语文学科的性质，以及总体教育目的和社会发展需求所决定的。语文学科的工具性，要求语文教学加强基础知识教学以及基本技能训练；语文学科的思想性，要求语文教学加强学生的思想品德的培养；语文学科的科学化和现代化，要求语文教学加强智力开发。当然，不同社会形态和不同历史时期对语文功能有不同的要求，对语文教学目的也就有不同的表述。

第二章 中小学语文教学核心与设计

第一节 语文教学设计的核心理论

"语文教学设计是语文教学理念的具体化，是语文课堂教学的基础，也是语文教学评价的重要依据，它最直接的意义是为语文教师实施教学提供一个指导性的计划，帮助教师调控教学行为及过程。"①

一、语文教学设计的技巧

（一）备课的技巧

中小学语文教师上课要想取得较好的教学效果，必须课前认真备好课。备课是语文课堂教学的一种预先设计，有了这个预备过程，才能把语文课上好。因此，再优秀的语文教师，在上课之前都要做一番准备工作。

1.备课类别

（1）学期备课。学期备课是指在学期开始之前，教师在通览整册教材（通常是一学期一册书）和钻研教学大纲或学科课程标准的基础上，制定出整个学期的纲要式教学打算。这是每一名教师在新学期开始时必须充分准备好的一项工作。学期备课在某一学科整个学期的教育教学工作中，起到宏观指导的作用，包括以下方面：①确定教学目的，即在整个学期中，教师想要通过课堂教学达怎些样的教学效果；②提出教学要求，即向学生说明在整个学期中应该怎样和教师一起完成教学任务；③明确教学重点，对于教学中的重点与非重点内容，要正确处理好其间的关系；④安排教学进度，要对各单元内容所占用的教学时间进行合理的分配。

（2）单元备课。各科教材通常根据教学内容的不同特点分为若干个单元，每个单元由类型相仿、结构相似、教学要求相同的几部分内容构成。单元备课是学期备课之后、课时备课之前，教师必须做好的一项承前启后的工作，是对本单元的教学内容如何在课堂教学中加以实施的总体考虑。单元备课的基本要求有如下四点：①对本单元的教材内容在浏

---

① 刘金生，张莉敏，杨兰萍.初中语文教学课堂设计探究 [M].长春：吉林人民出版社，2020：7.

览的基础上进行分析研究，着重体会本单元编排的目的和意图，以确定本单元的教学目的和教学要求；②了解和掌握本单元教材的难点、重点和关键之处，确定各部分教学内容地位的主次、顺序的先后以及不同的详略程度；③要根据上述两点来安排各部分内容的具体授课时数，要注意突出重点与兼顾一般结合起来，如即使让学生自学的内容，教师也应安排一定的时间加以指导；④要根据本单元内容的具体特点和基本教学要求，确定教学时采用的基本教学方法，同时也要考虑好其他各种辅助性的教学。

（3）课时备课。课时备课就是写教案，这是教师教学工作中最基础的一项，也是学期备课及单元备课的最终体现形式。一节课的时间是固定的，也是有限的，教师要根据不同的教学内容，在备课时将要讲授的内容合理安排在一节课的时间内，对于一节课不能完成的内容，例如，语文课文、数学公式推理等，则可以将其分成两节或多节课。

（4）课前备课。在完成教案后，教师应该再认真阅读一遍，对教案中的内容进行最后的补充与改正。在阅读过程中，不仅要留意教学内容的错误之处，还要留意课堂教学流程环节等的安排是否合理。如发现问题，要在慎重地思考后进行修正，使教学计划能够尽可能呈现出完美的课堂效果。以上整个过程就是课前的备课过程。课前备课的主要包括：①内容方面。以教学标准的要求审视教案中的内容，看所要传授给学生的内容是否全面、知识是否遗漏、讲解是否清晰、重点是否突出。同时，还要了解自己对这些教学内容是否真正理解、能否准确地传递给学生、是否经得起学生的质疑等。②方法方面。仔细思考教案上所使用的教学方法，怎样在实际教学过程中发挥出最好的效果，在这一过程中，是否还有更好的方法。如果有多种选择，可以进行分析对比，从而挑选出效果最佳的方法进行使用。③情感方面。教学的情感主要指的是教师的精神状态，在课前是否将自己的心态调整到了最佳状态、是否充满信心、是否带着愉悦的表情面对学生。建议在课前半小时放下手中其他的事情，专注于接下来的课程，避免分心。④语言方面。要精简自己的语言，以教学内容为出发点考虑语言的使用方式，做到简洁明了、通俗易懂。

（5）课后备课。课后备课是整个教学过程中必不可少的环节，有了课后备课，教学过程才具有完整性。课后备课的主要目的在于肯定优势，改进劣势，不断完善教学内容与方法，把教学工作推向完美。课后备课工作要着重把握以下内容进行：①简要回顾课堂全过程，也就是要把在课堂上发生的所有场面，在脑海中再回想一遍。建议这项工作，要在课程结束后的24小时之内进行，因为24小时之内的记忆场景最为清晰。②对照课前备课的相关计划，例如，教学目标、教学内容、教学步骤等，看看这些计划是否在课堂上得到了完整的实施，并实现了应有的效果。如果与预设的计划有所区别，那么要看看是更加出色还是有待完善，并针对这一认识进行总结。③收集并整理教学反馈，这些反馈信息包括在课堂上教师所观察到的听课状态、在课后向学生征求意见时学生表达的内容、学生的课后作业与练习中所透露出来的信息，对这些信息教师要进行认真的分析研究，并做出相应的调整与改进。④进行教学质量综合评价，评价内容包括主观感受（是否感到顺利和满意）和科学评价（任务是否完成、目的是否达到、环节是否完整、学生是否受益）两个方面。

2.集体备课

集体备课基于个人备课，是同年级或不同年级的同学科教师坐在一起，围绕课改内容和要求，就教学内容、授课方式、教学目标、组织学生实践活动等内容进行探讨，多角度、全方面想学生之所想，疑学生之所疑，从而制订出本学期内或者某堂课的教学方案，共同解决教学中遇到的各种问题。下面就集体备课的过程进行简单探讨。

（1）中小学语文集体备课的准备工作

第一，准备丰富的课程资源。语文课程标准是教师教授学生的重要标准，是教材内容的主要来源，但课程资源不应仅局限在教材中，教师更应该在合理利用教材的基础上，引进类似新闻媒体、网络媒体、户外媒体等资源信息到课堂教学中，以丰富课程资源的内容，拓宽学生的知识层面，让学生在学校里接受社会知识的教育，实现教育在校园和社会环境之间的接轨。

第二，制作高效的课件。课件是一种重要的信息化教学资源，是在一定的教学与学习理论的指导下，根据教学目标设计，体现某种教学策略和教学内容的形式。高效的课件一定集合了教师的心血和无数次修改，对于教师本人而言，制作高效课件的过程就是教师不断提升自己信息水平、知识储备的过程，就是教师对自己的教学水平和教学能力，甚至是对教学内容不断挖掘和再认识的过程，通过直观、立体的画面传输，为学生营造了声情并茂的听课环境，为教学提供了逼真的表现效果，拓展了学生的感知空间。制作高效、精美的课件需要以教师个人对教学内容的理解为基础，同时，参考其他网络课件资源的优势，例如，页面设计精美、教学角度新颖、引用网络数据或者资料等，取长补短，使自己的教学课件得到优化，进而提升教学水平和学生的听课质量。

第三，预演学生的"可能"。课堂教学过程中，教师要充分尊重学生的主观能动性，调动他们的积极性去思考问题、分享体会，培养学生的独立人格和良好道德品质。但在集体备课阶段，预演学生的"可能"意味着既要考虑学生思考能力的培养，为其在适当的教学阶段预留时间和空间，让学生独立思考或者以小组为单位进行探讨，又要考虑不同学生对于同样教学内容的不同反应，在集体备课阶段制定有效的应对措施，让教学活动顺利地进行下去。

（2）中小学语文集体备课的方法

第一，集体备课是以教师团队合作精神来实现教学资源共享的过程，而要想使团队的力量发挥到极致，就需要一个核心的灵魂人物作为主导，就课程内容、授课方法、课程重点、课后阅读及作业设置等内容，结合其教学实践和生活体验，提出个人的课程设计方案，供整个教师团队协商、探讨、丰富和完善。

第二，集体备课的内容可分为两部分：①上周教学实践的问题及总结；②下周的教学内容和教学目标。无论是哪一部分，都需要整个教师团队合作研究，总结问题，找到改进方法，明确教学重点，创新授课方式，以达到预期教学效果。

第三，课堂教学既需要教师的主导，又需要学生的高度参与，只有二者相互配合，教学才能得以推进，教学效果评价才能得以完成。所以在集体备课过程中，就可以引入学生意见，以其更具前沿性、探讨性的知识储备和热点触觉来丰富教师备课的方式，改善传统备课方式中，因忽略学生主观能动性而引起的备课内容不完善的问题，引导学生积极参与集体备课，从而促进教学质量的提升。

第四，试讲是在有限时间内，教师通过口语、形体和其他教学方法结合起来的方式开展教学活动，它不同于正常的课堂授课，面向的是集体备课团队中的所有教师，由核心发言人就集体备课的课程、形式、课后布置等内容，按照正常授课形式进行提前讲演，其他教师要在试讲过程中查漏补缺，取人之长，补己之短，并就试讲过程中的问题展开新一轮讨论，找到解决问题的方法，完善授课内容，提升整体教师团队的教学质量。

（二）授课的技巧

课堂教学的过程是师生共同参与、相互作用的一个复杂的双边活动。在中小学语文教学中，教师授课与学生自主学习结合起来，正确地反映了教与学的关系，是语文教学整体改革深入发展的结果，而作业是促进教学发展的重要手段。授课的技巧，具体内容如下：

1.开讲

在一节课的开端，教师要把握好课堂教学的基本内容，通过高效且有益的方法来提高学生学习的积极性，激发学生对知识的渴望，从而让学生产生学习的动力。同时教师要让学生知道学习的目的，并且要把注意力都放到学习的内容上，这些就是语文课堂教学艺术。与此同时，通过不同的艺术方法让学生产生美的感受。

开讲对于整堂课发挥着重要的作用，作为一名优秀的教师要把握好开讲的节奏，这样才能对学生的学习起到帮助。开讲对学生的学习起到很大的作用，它可以在很短的时间内把学生的注意力集中在课本上，学生因此可以知道本节课要学哪些，也明白这节课的重要性。另外，开讲还有其他作用，如总起下文、对应全文。如果教师能够把握好开讲的艺术，那么就能够减少学生的阅读障碍，还能够让学生更好地阅读文章。由此可见，一个好的开讲确实可以为学生了解文章奠定基础。教育对象的不同以及教学内容的不同，导致了开讲内容的不同，同时开讲的方式也都不一样。在教学中，最常见的开讲方法有以下四种：

（1）教学上可以采用开门见山，以及解析课题的方式。对于一篇文章而言，最重要的是题目，它是文章的眼睛，精确地提炼出文章的主题是非常重要的。开讲前应先分析文章题目，帮助学生把握文章主旨，体会作者的思路，还可以让学生更好地把文章内容与主旨联系起来。通过这种方法可以在课堂开始就提出和课文有关的问题，并且激发学生的学习积极性，为学生提供学习思路，激发灵感，提供思考的方向。

（2）教学上可以采用变换刺激和引发兴趣的方式。兴趣在学生学习中发挥着很重要的作用，它是学生认识外界事物的基础。可以通过挂图或者实际操作等方式来教学，这些有利于提高学生的学习兴趣，开阔其思维。这样一来，教师开始讲课就能让学生进入学习状态，集中注意力，达到更好的课堂效果。

（3）教学上可以采用情感熏陶和创造佳境的方式。在开讲时，教师可以创造出和课本内容有关的意境，通过情境的熏陶来激发学生的情绪，这样，他们的感情才会和文章产生共鸣。

（4）教学上可以采用投石激浪和巧设悬念的方式。学习来源于思考的过程，而思考又来源于对世界的怀疑。在开讲的时候设置悬念，可以让学生产生好奇心，提高学习的积极性，进而开放学生思维。所以通过设置悬念的方式，可以促使他们更努力地学习文章。

2.节奏

（1）整节课的课堂节奏。教师在组织每节课教学时，要保持恰当的节奏。所谓"恰当"，指的是这种节奏要适合全班大多数学生的心理，紧张和舒缓交替出现；既要使学生的注意力高度集中，让他们参与起来毫不费力，又不至于因神经持续高度紧张而引起过分疲劳，对学习活动产生厌倦心理。教师在授课刚开始时定好"基调"（视本堂课的教学难度而定，内容简单可紧凑些，内容复杂可舒缓些）很重要，但是，同时也应该注意随着教学活动的进行，根据变化着的具体情况随时加以调节（如有些内容虽较复杂，但由于教师准备充分、学生全神贯注而进行得比较顺利，则节奏可紧凑些）。

（2）授课速度节奏。授课速度的快与慢，也对节奏感的形成有着较为重要的影响。好的授课节奏应该是快慢交替、富有动态变化的。一般而言，授课速度快与慢，要根据学生注意力集中情况而定：他们的注意力较为集中（对教学内容比较感兴趣）时，可适当放慢速度，对教学内容进行较为深入的探讨；而在他们的注意力较为分散（或将要分散）时，则应适当加快速度，以吸引他们对教学内容的注意。学生在学习活动中思维的"张"与"弛"，也对节奏感的形成有着相当重要的作用。所谓"张"，即是紧张，指教学过程到了高潮阶段时，学生的思维状态处于最紧张、最兴奋的状态，在这种精神状态下，学生能既迅速又准确地掌握知识与技能。所谓"弛"，即松弛，一般是教学过程处于休整、停顿阶段时，学生的思维处于相对舒缓、不那么兴奋的状态。在这种状态下，他们会有时间对教学内容进行思考和回味，这对更深刻地理解教学内容是很有好处的。

（3）授课内容的节奏。授课内容的节奏一般是教学内容的详略和分布等，就是课文中的信息含量和流速。在特定时间里，学生的大脑工作能力是有限的，同时学生的理解能力和对课文的掌握能力也是有限的。除此之外，学生在生理和心理上也是不同的，因此，语义信息量的流速要符合学生的实际情况。所以教师要了解学生的情况，并对教学内容有深入的理解，根据上述情况来把握教学内容的语义信息流动节奏。有经验的教师总是会根据学生的实际情况，对教学内容进行剪裁与安排，调整顺序，做到由浅入深，在认知需要上合乎学生的思维规律；由易到难，在心理上也合乎学生的接受习惯；由快到慢，在节奏上又合乎学生的审美体验。这样，既增加了学生学习的信心和兴趣，又为前后两部分教学内容的节奏寻觅到了一个和谐的音阶，并为学生的审美奠定了基础。

3.过渡

课堂教学活动进程中的过渡与文章中的过渡同样重要。文章的过渡一般有三种方式：过渡词语、过渡句子和过渡段落。无论是过渡词语、过渡句子，还是过渡段落，它们所起的作用是相同的，都是把各个部分的内容连成一篇文章。教师在课堂教学过程中的过渡与文章中的过渡相仿，也要运用过渡语、过渡句子，把一堂课的各个零星碎片连成一个有机整体的作用。在一堂课进行的过程中，通常不会是由教师从头讲到尾的，学生应该是课堂学习活动的主体；教师也不会机械地只用一种教学方法，而往往会交替使用多种教学方法；课堂教学内容既有新的，也会有以前学过的。总而言之，一堂课是由许多零星的"碎片"集合而成的，"碎片"之间的过渡是不可少的。

课堂教学过程中的过渡通常包括两个方面的内容：一方面是课上讲授的教学内容各个部分之间的过渡，这种过渡起着承上启下的作用，过渡得好，能使教学活动的展开流畅地进行；另一方面是不同教学方法、不同讲课方式之间的过渡，这种过渡能适时地引起学生的注意，使学生能较快地适应教师接下来要采用的那种教学方法和教学方式。无论是哪一种过渡方式，对于课堂教学活动顺利进行而言，都是十分必要的。

4.举例

（1）举例的主要作用。举例在教学过程中有着相当重要的意义。在中学课堂教学时，教师讲授教学内容时会（也应该）举些具体的例子，以帮助学生更快、更好地理解、掌握知识。教师在向学生讲授新知识时，特别是这些知识比较抽象、比较深奥，学生一下子难以理解时，举一些具体形象的例子加以阐明更是必不可少的。由于学生花费较少的气力就能比较轻松地学得知识，很容易使他们的心理获得极大的满足，产生极强的愉悦感受，这样一来，他们也就很自然地对学习活动产生比较浓厚的兴趣，这对于他们自觉地把全部精力放在教师要求他们关注的教学内容上，以及提高学习效率上，是十分有利的。

（2）举例时的注意事项。

第一，举例要实际。具体的例子比比皆是，与教学内容有联系的例子也为数不少，但并不是所有的例子都可以不加选择地拿来阐述教学内容的。因为不同年龄段的学生，其生活经验的贫乏和丰富程度不同，他们的理解能力也不同，并不是所有的例子都能较好地为他们所理解。教师在举具体例子来阐明某个概念或某个原理时，要尽可能考虑到不同年龄段学生的不同经历和不同程度的理解水平。

第二，举例要适当。在课堂教学过程中，举一些具体形象的例子是必不可少的。讲课不能没有例子，但也不能一下子举好多例子。要知道，课堂教学的一个重要目标是学生获得发展，让他们在接受、理解的基础上牢固地掌握知识，而教师在讲授时适当地举一些具体形象的例子仅是一种帮助学生更迅速、更准确地理解和掌握的手段。例子不一定要举很多，只要所举例子能说明（或阐明）某项教学内容就行了。

第三，举例要适时。"适时"主要以两点为标准：①要看有无必要，如果讲授的知识学生理解起来完全不觉得有哪些困难，那么就不必举例（此时举例会浪费宝贵的教学时间，有时还会分散学生对教学内容的注意）；反之，学生对教学内容理解起来较为困难，那么就必须在此时及时地举一些例子。②根据学生的不同年龄确定举例时间的先后顺序。例如，有教师在给七年级的学生讲对比时，举几篇文学作品中的例子是有必要的，但如果语文教师还要在九年级的讲台上不厌其烦地讲就没有必要，因为学生已对对比的表现手法接触很多，已能在自己的作品当中熟练运用，所以，教师的举例就纯粹成了多余。

第四，举例要贴切。贴切，是指措辞要恰当、确切。在课堂教学过程中，不是所有与学生的生活实际有联系的例子都可以用来阐明教学内容的。与教学内容无关的例子，无论它们如何生动、形象，如何能引起学生的兴趣，一概不能举；与教学内容虽有些关系，但是，联系不太密切的例子尽可能不列举，即使要举也要尽可能简洁些，只能"点"到为止。要举就应该列举与教学内容密切相关的例子。这"密切相关"的含义是：为了把这一教学内容阐述得清楚明白，非得举这个例子不可，如若不举这个例子，学生很难准确地理解其实质。

二、语文教学设计的过程

语文教学设计范围比较广泛，按照涉及时段的长短，教师可以将它分为课题教学设计、单元教学设计、学期教学设计或学段教学设计；按照涉及的内容，又可以分为阅读教学设计、写作教学设计、口语交际教学设计和综合实践学习活动设计等。但不管是在何种范围和内容上进行设计，教师必须遵循的基本教学设计原理和程序是基本一致的。

一个完整的教学设计过程，大体分为三大步与六小步：①确定教学目标（教师期待学生通过本阶段学习应该达到的标准）；②实现教学目标的诸要素的分析与设计，包括教学对象分析（确定学习者的起点状态）、确定教学内容（通过分析教材确定）、安排教学过程（教学内容活动进程的设计）；③教师教学经验、风格分析；④根据教学内容和学习者的特征确定教学的起点；⑤制定教学策略，选择教学媒体；⑥进行教学评价并根据评价所得到的信息，对教学设计中的某一个或者几个环节进行修改或调整。

以上六步教学设计的过程如果从教师和学生活动的角度分析，实质就是解决三个大问题：①教师要教会学生哪些和学生要学会哪些；②教师怎么教和学生怎么学；③教师教得怎样和学生学得怎样。由此，也就形成起点、过程、评价三大步的设计。需要指出的是，教学设计过程并不是一个简单的循环。一方面，它会根据教学诊断和评价不断进行调整和修正，从而进入新的循环；另一方面，教学设计过程中的每一个环节都是教学系统中非常重要的构成要素，相互间存在着密切的联系，教师虽对其做出环节上的分解，但实质上，只是该环节侧重于某一个要素，同时，它还会对其他环节的实施起到一定的制约和影响。

第二节　语文教学目标与内容的设计

一、语文教学的目标设计

（一）目标的系统性与独立性设计

系统性就是说语文教学目标应该形成一个有层次性、连续性的循序渐进的目标系列。语文教科书的教学目标按纵向从大到小分，依次是总目标、学段目标、年级目标、学期目标、单元目标和课文目标，这是一个完整的教学目标系列。确定课文目标，在从课文实际出发的同时，要把课文放到整个单元、全册以及整套书的大系统中考虑，以确保课文目标的层次性和连续性。一般而言，一个单元的各篇课文目标，都是不同程度地体现单元目标的，或者全部体现，或者体现其中的某一方面。所谓独立性就是说任何一个课题的教学目标，都是一个有相对独立性的整体，所制定的目标必须是针对该课题的具体内容而言。所谓系统性和独立性的统一，就是说制定教学目标，要形成一个单元目标系列；制定系列中的任何一个单元目标，既要从这个单元实际出发，又要瞻前顾后，考虑到它承前启后的关系。如果说整个单元目标系列是一个链条，那么某个单元就是这链条上的一个环。课文教学目标是总目标最具体的体现，是最小的分解目标。课文目标也应该形成一个有层次性、连续性的循序渐进的系列。

（二）目标预设性与生成性设计

一方面，教学是有目的、有计划、有组织的活动，它的运行需要一定的程序，预设目标是其内在的要求；另一方面，新课程倡导开放互动的教学，倡导学生的自主参与，使课堂教学成了一个不断生成的师生交往过程，其中必然会出现和教师预设的教学目标不一致甚至相冲突的情况。这就要求教师能尊重学生，灵活面对，珍惜课堂中即时生成的宝贵课程资源，及时果断地做出恰当的判断，对预设的教学目标做出调整和改变，促使教学朝着有利于提高学生语文素养的方向发展。

二、语文教学的内容设计

一篇课文蕴含着丰富的语文教学元素，教学内容众多，这些必须得通过教师的专业选择，体现出教师对课堂的主动权。语文教学内容的选择是一门学问，它不仅是一个实践操作层面的问题，还需要有一定的学理作为支撑。

（一）学情至上

在语文教学内容选择的过程中，我们也要坚持学情至上这一原则。考虑学生的需要，要落实到一种量化的测算中，可以通过诊断性测试问卷调查、作业记录、课堂观察等方法来对这一单元进行预测，这一篇课文哪些是应该教的，哪些是不需要教的；哪些是学生已经知道的，哪些又是可以通过学生的自学及合作学习就能解决的问题。通过分析，教师要把这一篇课文中需要知道的，应该学习的内容找出来，即这一篇文章独有的、其他文章没有的、无法通过替代性选文解决的问题。

（二）对话编者

只有尊重教材选编者的意图，才能更好地使用教材，让教材发挥最大的功能和效果。现在教材编写者的队伍层次越来越高，水平也越来越强。如果能很好地读懂教材编选者在编这套教材时的想法，对提高教材的使用功效是非常有益的。

（三）整体建构

同一篇课文，分布在不同的单元里，其教学目标的设置是有很大差别的。根据教学目标，才能确定教学内容。其实每一篇文本要讲的、可讲的内容特别多，如果每一课各自为政，虽然课堂可能也会很丰富，但是长此以往不利于对学生整体知识的建构。因为，每一套教材都有每一套教材的体例，每一个单元都有每一个单元的设计意图。

（四）融入个性

课堂教学的主导者是教师，教学设计一定是带有个人色彩的东西，其间渗透的是教师的人格和学养。作为语文教师，不要害怕课堂沾染上自己的主观色彩，也许这种主观色彩正是语文教师课堂魅力的来源。换言之，教师在进行教学内容的选择时，要考虑到自己的学养、年龄、阅历能否将自己选择的内容驾驭好。

第三节　语文教学环节与方法的设计

一、语文教学的环节设计

"教学环节控制是语文课堂教学中教师顺利完成教学任务，引导学生释放学习激情，提高教学效率的科学合理设计。"[①]在对教学内容进行选择和确定之后，就要开始具体的课堂教学环节的设计了，如果对课堂环节进行细分会有很多种，下面只对一些主要教学环节的设计进行探讨。

第一，教学导语设计。教学导语，是教师在课前为组织教学而精心设计，在授课伊始即使用，用以对学生进行激励、感染、启发、诱导的教学语言。教师要上好一堂课，就必须设计好教学导语。理想中的课堂导语，是有很多种功能的，它可以营造气氛、激发学生的兴趣、启迪学生的智慧，带领学生"温故知新"，巧妙地开展教学。教学导语，其作用是导入。所谓"导入"，就要"导"加"入"，设置教学导语的终极目的，就是要"引导学生走入课文"，这将成为教师判断教学导语是否合乎标准的根据。所以，教师在设计导语的时候，一定要考虑是不是有利于激发学生的学习兴趣，是不是有利于与文本内容高度衔接。

第二，教学提问设计。在实际的教学活动中，"教学提问"是师生互动的重要方式之一，是教师了解学生情况的重要手段。教学提问是教师通过向学生提出问题，促使学生思考、回答和参与课堂讨论的过程。教学提问的目的是激发学生的学习兴趣，引导学生主动探究和思考问题，提高学生的思维能力和解决问题的能力。通过教学提问，教师可以了解学生对知识的掌握程度、理解程度和学习困难，从而有针对性地调整教学内容以及教学方法。教学提问可以是开放性的，鼓励学生进行自由发散的思考和表达；也可以是封闭性的，要求学生给出准确的答案。教师在设计教学提问时，应该考虑学生的年龄、学习能力和兴趣爱好，合理安排问题的难易程度和深度，以促进学生的积极参与和有效学习。此

---

① 宗建霞. 浅议语文课堂教学环节的科学"调控"[J]. 作文成功之路（下旬），2016（5）：3.

外，教师还应注意提问的方式和语言表达，尊重学生的个体差异，鼓励学生多样化的回答方式，培养学生的批判思维和创造性思维能力。

第三，教学板书设计。课堂教学就是一个存储记忆的过程，教师要好好利用"眼睛"，发挥视觉的最大效用，绝对不能忽视板书的设计。因此，课堂上教师的板书设计，必须是教师备课过程中对文本深入的研究和整体的科学把握。好的板书是课堂教学内容的精粹，在教学中，起着提纲挈领的作用，能够加深学生的印象，有助于学生对课文的理解。一手漂亮的粉笔字既体现教师良好的基本功，在点、横、撇、捺的书写中，又饱含着教师的一片深情，所以教师常说板书是带着教师的体温的，是教师在备课中构思的艺术结晶，是教师与学生沟通的有效凭借。

第四，教学结束语设计。所谓结束语，就是一堂课即将结束时，由教师提纲挈领以简驭繁加以归纳的语言，或是由教师引导学生总结，对整堂课的教学内容进行巩固和强化的语言。在课堂教学中，学生的思维始终处于不断向前运动的动态过程，课堂上的及时回顾，课堂上的精要总结，能够使学生从纷繁复杂的教学内容中简化储存知识信息，因而起到其他教学环节不可替代的功能。具体而言，精心设计课堂结束语，可以帮助学生理清学习思路，巩固所学知识，最终完成从感性认识到理性认识的飞跃。

第五，练习作业设计。作业是教师为实现教学目标所设置的教学环节的重要一环，是学生自主参与程度最高的环节，也是教师与学生交流的有效手段。语文作业的布置和完成是否用心，收效截然不同。语文作业不是"为了作业而作业"，应该让学生尽可能收获多些。

二、语文教学的方法设计

语文课堂方法有很多种，其中包括讲授法、对话法、提问法、评点法、评析法、讨论法、练习法、复习法、自学法、诵读法、欣赏法、探究法、发表法、观察法等，下面只探讨最常见的方法。

（一）讲授法

教师以叙述或讲演的方法，将知识观念传授给学生就是讲授法，这类教学的显著特征是，教师在台上叙述，学生在座位上静听。教师传授，学生学习，都属于被动。讲授法是一个历史悠久、运用广泛、成绩卓著的教学方法。但凡介绍教材、引起动机、叙述事实、指示观念、解释原因、摘要结论、归纳整理等教学都离不开这种方法。所以，讲授法不是不可以用，但是要学会巧用，用得适时适度。讲授法的优势如下：

第一，讲授法在解释教材、补充资料、拓展内容等方面具有不可替代的作用。教材其实只是一个例子，当教材中的内容无法满足学生需要时，教师就要有相关知识的引入、同类事物的对比等，而这些都主要以讲授的形式出现。

第二，讲授法对引起学习动机是必不可少的。在一篇新课即将开始之前，教师对相关内容进行介绍与说明，用以调动学生已有的知识经验，发挥学生的想象与新知识产生联系。

第三，讲授法利于培养学生的听话能力。学生欲提高说话能力，必先学会听话。教师的讲授清楚生动，学生日积月累，耳濡目染，其语言习惯、语言能力，无形之中亦渐改善。

第四，节省时间，便于大班教学。如果班级人数众多，这种方法是最有效的。当学生没有机会个别发表意见的时候，教师的讲授会让每一个学生有所思、有所得。

（二）对话法

现在的对话法已不限于原来"教师问学生答"的一问一答的问答法。它还包括学生问教师答、学生问学生答等多种模式，但其核心仍然是以问题为中心。对话法的优势如下：

第一，可以了解学生的学习状态。通过问答可以了解他们知道的和不知道的内容，便于对学生的情况进行诊断和评价。

第二，可以发展学生的思考能力。一般而言，课堂上教师的提问会引起学生的注意，而对问题进行思考和尝试提出解决办法是学生的天性，而在思考和尝试回答的过程中学生的记忆力、思维能力都会得到提高。

第三，锻炼学生的表达能力。学生的回答讨论等都属于口语表达范畴，通过这种方式可以让学生把所思所想用语言表达出来，对提高学生的口语表达能力大有裨益。

（三）自学法

自学法就是学生自学、教师从旁辅导的一种方法。换言之，就是学生在教师的指导之下，运用有效的学习方法，自行学习教师规定的功课。没有人可以代替学生的学习。学习的实质就是学生根据自己的已有学习经验，对外来的刺激与情境所做出的反应。所以，学习确实应以学生为本。自学法的优势如下：

第一，养成自动学习的习惯。教师指导，学生自学，时日一久，不用督促，学生就能自动学习。学生能自学，那么学习效率必然提高，有助于教学目标的实现。

第二，培养解决问题的能力。学生自己学习，一定会遇到很多难题。这个时候学生就会想方设法解决这些问题，在这个解决问题的过程中，他就会想很多办法，其能力必定提升。

第三，适应个别差异。每个学生都是有差别的，其能力有高有低，每个人的学习速度有快有慢，自学法是适应学生差异的最好的教学方法。

第四，培养自主研究的兴趣。自学习惯的养成，学生阅读能力必然得到增强，思考问题、解决问题的能力也随之提升，久而久之，就会激起研究的兴趣，自己会尝试着去构想和研究自己感兴趣的课题，这将是学生形成终身学习能力的开始。

（四）诵读法

诵读法是立足于"读"而致力于"悟"的教学方法，它作为一种文本阅读的教学方法是通过对言语、声音、形态的感知和塑造以达到阅读教学的目的——理解感悟文本的意义和情感。中国古代语文教育非常重视诵读，所谓"书读百遍，其义自见"，而诵读也正暗合了语言学规律和汉语文的性质。诵读久了，语感自然形成，语文的学习，尤其是文言文也就不再艰涩难懂了，学语文就必须诵读。诵读法的优势如下：

第一，训练语言能力。教学生诵读，可训练其心、眼、口、耳并用，帮助学生正确地发音、识字，并使学生的腔调准确，增强语言表达能力，培养语感。

第二，考查学生对文章的了解程度。由学生诵读的音调和顺畅程度，可以考查出他对文章了解的深与浅，教师可以根据学生的情况来适时调整自己的教学。

需要注意的是，在诵读的时候，一定要考虑到文句的结构，以及文字所蕴含的感情。其他的技巧都是为此两者服务的，并且教师要有范读的能力，学生模仿教师是最高效的学习方法。

总而言之，方法仅为教学的手段，并不是教学的目的。教学目的在于教学结果，而不是方法本身。教师在着力寻求教学效果的过程中，要面临多个选择的需求，如不同的学生、不同的教材、不同的情境、不同的目标以及随时可能发生的各类难题。以固定的步骤或是一个方法来应对万变，是不可能的。其实，每一种教学方法都有其优点和力不能及之处，教师不能以一法应对各类学习。所以，教学方法的运用，不仅是一种科学，更是一种艺术。

第四节　语文教学评价及方式的设计

评价不应过分强调甄别和选拔的功能。换言之，语文课堂教学评价必须在推动教师成长和课堂教学变革的同时，坚持以学生为本、以学生的发展为本这一理念。具体而言，语文课堂教学评价不仅要关注学生获得了哪些知识、多少知识，而且需要关注学生听、说、读、写的基本技能和认识、自学、创造等能力的培养，关注学生的学习兴趣态度与习惯，以促进学生全面发展、主动发展、生动发展。

一、教学评价方式的多元化

时代精神要求教学评价是一种主体取向的评价，这就决定了在评价过程中，教师和学生都是评价的主体。在新一轮课改中，语文教学评价更多的是为了发挥其激励导向功能和自我教育的功能，关注学生的进步情况，提出改进意见来促进学生的发展。所以，要真正实现以教学评价促进学生自身发展的功能，评价主体的多元化的实施就显得尤为重要。

（一）评价主体多元化

第一，教师评价。新课改中增强了教师评价的主动性，给教师以一定的自主权利，扩大评价的内容，无异于拓宽了教师对学生的评价角度，如对识字与写字的能力、阅读能力、写作能力、口语交际能力综合性学习的能力的评价。另外，在新课改中，教师的评价应更多关注对学生综合语文素养能力的评价，以评价来促进其语文水平的提高、学习兴趣的提高，使其自身价值得以提升，而并不仅是看重某一个分数。因此，教师在语文教学评价中，可以对一个学生的不同阶段进行比较，这样才能及时发现他们的进步与不足，及时改进，对学生实行纵向比较，使每一个学生的语文潜能都得到最大限度的发展。在教师评价中还应注重激励性原则与指导性原则。这样有利于充满人文关怀评价的实施。如课堂上教师可以用"你真棒""你的观点很独特""你又进步了"等激励性语言来增强学生的自信心，或者是在作业或考试时，用赞赏语文特长加鼓励性评语的方式来评定，如"你的字迹很工整""你在阅读方面的能力有所提高"等，使语文评价更富有人情味。

第二，学生评价。新课程评价把被评价者看作参与评价的主体，强调被评者的主体作用，不仅可以使他们积极配合，保证评价工作的顺利进行，而且还能促进他们通过参与和交流，主动地客观检查和评价自己，改进自己的不足之处，吸取他人的经验，有利于进一步完善自我。现代教育应该教会学生进行正确的自我评价，自我评价有利于学生树立正确的评价标准，并将其内化为一种自律因素，促进自身的健康成长。所谓自我评价是指对自己在课堂上的学习状况的总结和正确认识，对他人成功经验的借鉴，并且不断内化的自我估量，构筑自己的认知结构，提高自己的学习水平的过程。在教学活动中，培养和发展学生在学习上的自我评价能力，形成良好的学习习惯，对于开发他们的学习潜能，发展他们的个性特长，提高教学质量具有重要的意义。自我评价是一种内在教育，不仅仅是个人对其身心活动的评价，而且还包括别人对自己的影响的认识，以便在学习的过程中正确认识自己、提高自己、把握自己，避免盲目乐观或妄自菲薄。

第三，家长评价。家庭教育对学生的影响是非常大的，家长的评价标准和评价观念对学生的发展有着不可替代的作用。以往家长只是被动地接受来自学校对学生的评价，而现在提倡家庭与学校联合评价，新课程评价的内涵变得更为宽阔，除了传统记忆知识的评价之外，家长也应重视实践与技能的评价，要关注学生在收集材料过程中的情感、态度和方法。新课程提倡家庭与学校联合评价，因此家长应积极配合学校做好对学生的评价。因为家庭是学生学习生活的重要环境，家长的参与和评价能够很好地反映学生在家庭中的学习习惯、学习效率、学习责任感等。虽然大部分家长无法详细地把握学生语文学科的相关知识，但是，每个家长都可以就语文学科中的学生的作业书写是否认真、规范、工整，学生是否能经常阅读课外书籍，学生的课外复习是否到位等加以评价，家长对于学生的评价有利于学校教师对学生的学习情况有更多的了解，便于对学生做出更全面的综合性评价。

第四，社会反馈评价。语文是一门言语实践课，要培养学生听、说、读、写各方面的语言运用和交际能力，让学生参与评价过程，进行自评或互评，可以在情境中促进学生各项语文能力的发展。例如，对于学生口语表达能力的评定，仅仅教师进行评价通常会造成学生的紧张情绪，如果让学生互评，既可以让他们在放松的情境中自如发挥，也可以锻炼他们聆听对方话语的能力。学生语文素养是学校、社区和家长等多方文化积淀的结果，社区和家长的支持和帮助，对于学生语文能力的提高有直接作用。因此，也应该将社会反馈纳入教学评价主体之中。

综上所述，素质教育呼唤创新型的评价，呼唤评价主体的多元化。评价主体的多元化，一方面，可以从多个方面、多个角度出发对教育活动进行更全面、更客观、更科学的评价；另一方面，由原先的评价对象成为评价主体的教师和学生，在进行评价的过程中，也不再处于单纯的被动状态，而是处于一种主动的积极参与状态，充分体现了他们在教育评价活动中的主体地位，这十分有利于教师、学生不断地对自己的教育活动和学习活动进行反思，对自己的活动进行自我调控、自我完善、自我修正，从而不断提高教育的质量和效率。

（二）评价内容多元化

语文课程是一个整体，其评价内容应该包括语言技能的诸多方面，如阅读、写作和口语交际等，既注重书面表达能力的考核，也重视口头表达能力的评价。评价内容由单一评价学生成绩改为对学生综合素质的评定，评价内容上，应立足从全方位的角度对学生进行评价。

语文课程的改革突出语文评价的整体性和综合性，认为评价的内容应该是多元的，它的评价不仅仅局限于对学生知识和能力的考察，还应关注学生的学习过程、学习方法和在学习过程中所形成的情感态度与价值观，更需要关注的是学生在学习过程中的创新意识、探究意识与合作意识的发展与增强，让师生都充分认识到语文学习不是单纯地为了考试、为了升学，更重要的是为了提升自己的语文素养，提升自己的综合能力。

二、教学评价方式间的结合

传统的评价方式多采用测试形式，多为定量和终结性评价，形式单一、方法简单，评价缺乏激励和教育功能。如果教师将形成性评价和终结性评价结合起来，加强形成性评价；将定性评价和定量评价结合起来，重视定性评价，将会改变学生排斥评价，甚至惧怕评价的现状，让教学评价能够真正促进学生的发展。在语文教学过程中，可采用多种方式开展日常评价，如给学生建立语文学习档案袋，利用教室墙报对学生的日常学习习惯态度进行评价，有利于提升学生的学习效率，对教师教学也是一种反馈。

（一）形成性评价与终结性评价结合

形成性评价是语文教学的重要组成部分和推动因素，其任务是对学生日常学习中的表现、所取得的成绩以及所反映的情感、态度、策略等方面的发展进行评价，以激励学生学习，帮助学生有效调控学习过程，使得学生获得成就感，增强自信心，培养合作精神。形成性评价应坚持以正面鼓励、肯定性评价为主，教师要根据评价结果与学生进行不同形式的交流，充分肯定学生的进步，鼓励学生自我反思、自我提高。

在教学评价中，教师和学生共同面对学生的成长。各种评价方式不仅给学生也给教师提供了教与学的信息，学生得到个人反馈，明确努力方向；教师得到个人反馈以便组织教学，提供给学生更有意义和更有针对性的指导。所以，教师在评价时，把评价有机融入教学过程，建立开放、宽松的评价氛围，鼓励学生个人或与小组合作进行自我评价、合作评价，从而使参与评价的学生在评价中不断体验进步与成功，认识自我、建立自信、有效地调控自己的学习过程，并促进综合语言能力的全面发展。

细心观察，对学生在语文学习过程中表现出的好奇心、能力、情感、态度进行观察记录。除了要遵循观察要有明确的目的、制订观察计划和提纲等一般要求外，对学生学习表现的观察应注意以下要点：①要在自然真实的状态下进行，尽量不让被观察者所察觉；②要有重点，观察的内容与目的相一致；③尽量克服主观因素的干扰，认真做好每项记录，包括学生对工具书的使用、学习语文的氛围是否浓厚、是否能用普通话组织好自己的答题思路、是否能与其他同学相互交流与合作等，作为日后综合评价的依据。

课堂学生行为评价主要指学生在课堂上的表现。如学习态度、参与课堂状况、与他人合作完成任务情况以及课堂纪律等。采取自评与组评结合起来的方式，由每天的值日班长负责填写在班级日记上，以周为单位进行统计，周五的时候进行阶段性的评价。新课程标准提倡在教学过程中，以划定的学习小组为单位，依据评价标准，同伴之间对学习条件、过程及效果进行评价。同伴评价最重要的一点是要了解对方的学习，包括学习经历，让学生意识到"同伴文化"的力量，以及友好气氛在学习过程中的重要性。而对于学生的作业及语文学科中所要求的背诵内容则根据学生的表现，进行适当的加分或减分来对他们的学习行为进行评价。每一单元的小测验和平时测验用来检验学生掌握语文的基本知识和技能的情况，分出等级，记录在学生的每日反馈表中。对于本次成绩不佳的学生，可暂不记录，可以针对不同情况给予批评或鼓励，甚至可以允许其重考。

（二）定性评价与定量评价结合

教学评价中的定量评价指的是用数学的方法收集和处理数据资料，对评价对象做出定量结论的价值判断。定性评价指不采用数学的方法，而是根据评价者对评价对象平时的表现、现实的状态或文献资料的观察和分析，直接对评价对象做出定性结论的价值判断。

随着评价内容的多元化，评价结果应以定性和定量结合起来的方式呈现。定性评价可以对学生的学习过程、学习态度、学习结果的性质进行综合评价。从质的方面对学生进行整体性的评价。在评价的过程中应采用鼓励性语言，发挥评价的激励作用。另外，评价要关注学生的个性差异，保护学生的自尊心和自信心。这样一来，才有利于帮助学生认识自我、建立自信、激发内在的动力，促进学生在原来的水平上最大限度地发挥自身的潜能，实现个体价值。因此，在评价中应重视并采用开放式的定性评价方法。

如果过多地使用量化指标对学生进行评价，必然会给学生带来好坏之分的比较，出现传统教学中所特有的"好学生""待优生"这一称呼，而这样的称呼又对学生有着很大的影响。定性评价则可以做到比较全面地评价学生的发展，充分肯定学生在各个不同方面的进步与成就，同时也可以指出该生在某一领域还存在的问题与不足，使学生在获得他人表扬、鼓励与认可的同时，又能看到自己的缺点，从而进行自我反思，避免影响学生的语文综合能力发展。

总而言之，语文教学评价得当与否决定着语文教学的成败。语文教学评价的多元化、多样化，势必会在学生的学习过程中起到一定的引导和鼓励作用，尊重学生的学习过程，并能用发展的眼光来看待每一名学生，在他们身上发现其学习语文的潜能，真正体现在"为了一切的学生、为了学生的一切、一切为了学生"的发展理念，在轻松快乐的氛围中不断地提高学生的语文素养。

第三章　中小学语文课程教学的内容

第一节　语文识字与写字课程教学

一、语文识字与写字课程教学的意义和要求

（一）识字与写字课程教学的重要意义

识字与写字教学不仅是整个语文教学的基础，也是其他学科教学的基础。从学生发展的角度来看，识字是学习文化的开始。识字不仅是学习语文、培养语文素养的前提和保障，也是学习和掌握其他学科知识的必要手段。识字与写字使学生从口头语言的学习，过渡到书面语言的学习，使学生实现自主阅读、自主写作。因此，识字与写字量的多少直接影响到学生的阅读、写作水平，识字与写字的过程，也是学生思维发展、知识积累、能力提升的一个过程。

从发展的角度来看，国民识字的多少与国家经济、文化等方面的发展密切相关。从文化传承的角度来看，汉字是中华文化的载体，是中华文明的瑰宝。古老的汉字蕴含着民族物质文化、民族社会制度文化、民族思想文化等文化因素，很多的汉字堪称民族、社会、制度、文化的活化石。因此，识字与写字的过程是吸收民族文化智慧，传承民族文化的过程。汉字书写分为实用书写和书写艺术。中国书法是一门古老的汉字书写艺术，是中华民族的文化瑰宝，是人类文明的宝贵财富，是基础教育的重要内容。

（二）识字与写字课程教学的具体要求

语文课程标准为中小学教师明确地提出了识字、写字教学的目标和内容，要保质保量地完成课程标准规定的任务。

1.语文识字教学的要求

（1）教学生借助汉语拼音认识汉字，认写分开，多认少写。重点注意语文课程标准中基本字的教学，以此为基础逐步发展学生的识字、写字能力。

（2）运用多种识字教学方法和形象直观的教学手段，创设丰富多彩的教学情境，提

高识字教学效率，提高学生对字形记忆的准确性。识字方法要体现综合性。识字课堂教学中，教师要紧扣汉字的特点，依据汉字学知识，分别选择合适的教学方法和教学内容，这对学生识记字形和理解字义有切实的帮助。同时巧妙地对学生进行汉字文化的熏陶，让他们感受到汉字文化的博大精深。

（3）让学生了解一些汉字的知识，引导学生根据汉字的结构特点分析、辨识、掌握字形，通过形近字的比较，提高学生精细辨认和识记字形的能力。正确、科学地解读汉字，利用汉字的构字规律认识汉字，明确形声字的音形关系、会意字的形义关系，掌握同音字与多音字的音义区别，运用直观教具、遣词造句、联系生活实际、联系上下文等方法让学生理解字义。

（4）努力避免高段识字教学低段化。高段学生经过低中学段的学习，已经掌握了多种识字方法，拥有一定的识字能力，并且高段学生能够通过预习分析生词字形，用查字典等方式或联系上下文的方法理解字义，所以，课堂上的工作就变成了重难点生字学习的合作探究与交流。

（5）杜绝生字教学零起点。识字教学中教师要找准学生的起点，充分利用学生已有的知识和经验（学生已经认识的汉字和已经掌握的汉语拼音），将有限的教学时间和精力用在重点上，专教那些学生不会或相对薄弱的内容，这样方可从根本上杜绝"零起点"教学。

（6）要防止曲解汉字。防止曲解汉字其实就是要求教师在课堂识字教学中慎用字理识字教学法。任何一种教学方法都不是万能的。在字理识字教学中，凡是能说清楚字理，而且字理易于被中小学生接受的，就要利用字理。可用就用，能用则用，刻意追求并非明智之举。

2.语文写字教学的要求

（1）教给学生执笔和运笔的方法，帮助学生掌握正确的写字姿势，养成良好的写字习惯。

（2）掌握汉字的基本笔画、笔顺规则、间架结构和常用的偏旁部首。

（3）教学生学会用田字格，以田字格中的横线和竖线为标准，观察汉字各笔画、各部分在田字格中的位置，按笔顺规则正确书写，注意间架结构，感受汉字的形体美。用毛笔临摹、书写楷书。

（4）在每天的语文课中安排10分钟练字，教师随堂指导，予以示范、纠正，讲究练字效果。注重书写质量，增强学生日常书写中的练字意识，将作文书写及其他学科的作业书写过程当作练字的过程。

中小学语文写字教学还需要做到：首先要保证学生有充足的写字时间。每节语文课都要拿出几分钟，让学生踏踏实实地写字。其次是要保证写字的数量。完成一定的写字数量是写好字的保障。教师指导学生写字，应该将几个字放到一起指导，让学生同时练习写，提高课堂识字与写字的效率。最后是要抓住写的契机。一般情况下课堂教学写字环节都安排在认完字和读完课文之后，这样有一定好处，教学板块清晰，不会出现低学段学生因为拿笔、削笔和放笔等动作而导致课堂混乱的情况。另外，如果写字环节的时间不够，教师可以灵活地将该环节挪移到下节课或者课外去。不过也可以尝试根据生字出现的不同情况，指导学生分散写字，这样学生在整节课都对写字有新鲜感。认、读、写活动交替进行，可以避免某项活动时间过长导致学生失去兴趣，同时也可以巧妙地分散写字教学的难点。

此外，还需要注意对识字与写字教学的评价要求，主要包括：第一，评价应以鼓励为主，要有利于激发学生识字、写字的兴趣。第二，汉语拼音学习的评价，着重考查学生拼读、认读音节的能力，发音的准确度，普通话的流利与标准程度。第三，识字的评价，着重考查学生独立识字、借助工具书查检字词的能力，认清字形、读准字音、辨别字义、准确运用的能力。第四，写字的评价，着重考查学生对生字的掌握情况，关注学生写字的姿势与习惯，重视书写的质量，要求写好基本笔画、遵守笔顺规则、安排好间架结构，力求正确、端正、整洁、美观。关注学生用毛笔临摹、书写楷书的情况，体会汉字的优美。

二、语文识字与写字课程教学的方法与策略

识字、写字教学是第一学段语文教学的重点、难点，也是贯穿整个义务教育阶段的重要的教学内容。新的课程改革也重视学生识字、写字能力的培养，注重识字方法，力求识用结合。识字、写字教学，应把握识字、写字的不同要求，遵循学生身心特点，采用多种教学方法，提高识字、写字教学的效率，增强识字、写字教学的效果，培养学生识字、写字的兴趣，调动学生识字、写字的积极性，产生对祖国语言文字的热爱之情。

（一）识字与写字课程教学的方法

1.拼音课程教学的方法

（1）示范-模仿法。示范是教师教学工作的重要部分，模仿是学生的天性，特别是在中小学低段，教师更应发挥示范与学生模仿的作用。在拼音发音教学时，教师必须进行字母的发音示范，讲解发音的要领，让学生仔细观察口形、舌位，体会发音的方法，模仿发音；在拼音书写教学时，教师应该进行书写示范，边书写边讲解，让学生仔细观察，弄清楚字母在四线格中的位置以及正确的笔画和笔顺。

（2）比较-辨识法。汉语拼音中形状相似、发音相似的声母或是韵母较多，学生容易混淆，因此，教师可将易混淆的拼音进行比较区分，以帮助学生辨识。运用比较-辨识法进行教学，便于揭示字母间的联系与区别，加深学生印象，让他们能准确地辨认与书写。

例如，把 b、d、p、q 放在一起，观察半圆与竖的位置关系；把 f、t 放在一起，观察弯钩的位置；把 ei 与 ie、ui 与 iu 放在一起，观察字母组合的顺序；把 n 与 l 进行比较，体会边音和鼻音的发音区别；把 z、c、s 和 zh、ch、sh 进行比较，体会平舌音以及翘舌音的发音区别；把 in 与 ing、en 与 eng 进行比较，体会前鼻音与后鼻音的发音区别；将 eng 与 ong 比较，观察嘴形，体会发音要领等。

（3）口诀-吟诵法。将汉语拼音编成口诀或者儿歌，让学生吟诵，不仅能够帮助学生读准字母的音，记住字母的形，突破拼音教学的难点，还能够活跃课堂气氛，缓解学生的疲劳，调节学生的情绪，调动学生学习汉语拼音的兴趣。

（4）游戏-比赛法。学生喜欢玩耍，喜欢做游戏，且好胜心强。如果把单调的拼音教学融入有趣的游戏、比赛之中，既能满足低年级学生的心理需求，激发他们学习汉语拼音的兴趣，又能创设一种轻松愉快、生动活泼的课堂学习氛围，使课堂"动"起来、"活"起来，提高教学效果。游戏-比赛法多在复习巩固环节使用。例如，学习了声母、韵母、整体认读音节后可以采用摘苹果、夺红旗、拼音接龙等比赛，学习了音节拼读后可以采用对对碰、找朋友的游戏。

2.识字课程教学的方法

汉字是表意体系文字，是音、形、义三者的统一体。在识字教学时，必须从字音、字形、字义三个方面进行。

（1）字音教学。字音教学是识字教学的第一步，字音的学习必须借助汉语拼音。在字音教学时，教师应该指导学生利用汉语拼音认读汉字，对于易读错的生字应该着重指导，反复正音。同时，也应该鼓励学生自主认读汉字，利用新华字典、现代汉语字典等工具书获取生字的拼音，认读生字。

汉字中同音字、多音字、形声字较多，教师应该把握汉字的特点，采用恰当的方式进行教学。对于同音字，字音相同，字形、字义不同，教学的难点在于让学生分清楚字形与字义，掌握不同用法，加强比较、辨析，以避免错别字的产生。对于多音字，字形相同，字音、字义不同，教学的难点便在于让学生分清楚多音字的字义与用法，并且将其放入不同的语言环境予以辨析，以读准字音。对于形声字，可以借助声旁进行字音教学，形声字的声旁表音，形旁表义，声旁相同的字，读音相同或相近。但是，在汉字的演变过程中，有些形声字的声旁已经失去了字音辨认的功能，现在不能根据声旁来确定其读音了，例如，江、河、悖、钗、笞、玷、抨等。对于这类形声字，教师应该特别提醒学生，不能只看声旁读字音，以免读错字音，闹出笑话。

（2）字形教学。字形教学是识字教学的关键，也是学生识字的难点。汉字中有的笔画相同，长短位置不同，例如，田、由、甲、申，太、犬、天、夫，土、士，未、末。有的字形相似，笔画不同，例如，旦、旧，申、电，外、处。有的多一笔，有的少一笔，例如，大、天，今、令，斤、斥，免、兔，哀、衰、衷。有的结构相同，部件位置不同，例如，杏、呆，吞、吴，陪、部。有的字声旁相同，形旁不同，例如，渴、喝、歇、竭，领、岭、铃、玲。因此，为了使学生更好地认清字形，加强记忆，提高识字认字能力，教师应针对汉字字形的不同特点，采用不同的字形教学方法。字形教学主要有以下方法：

第一，笔画部件分析法。笔画部件分析法是字形教学的最基本的、最重要的方法。笔画是构成汉字的点和线，是汉字最小的构成单位。部件是由笔画组成的具有组配汉字功能的构字单位。汉字往往可以分成两个以上的单位。在教学独体字时，可以采用笔画分析法，分析一个字或某部分由哪些笔画组成、各笔画的名称及笔画的书写顺序。在教学合体字的时候，可以采用部件分析法，分析一个字由哪些部件组成，各部件的名称以及位置。例如，"加"左边是"力"，右边是"口"；"树"左边是"木"，右边是"对"；"盆"上面是"分"，下面是"皿"；"意"上面是"音"，下面是"心"；"赢"由"亡、口、月、贝、凡"组成。

第二，构字规律分析法。象形、指事、会意、形声是四种基本的构字方法。教师要引导学生根据汉字构字规律来分析字形，科学地解读汉字，挖掘汉字的深层文化，提升学生的识字能力与识字兴趣。

一是象形字。象形字多出现在中小学一年级上册，例如，口、耳、目、日、月、火、羊、鸟、兔、木、禾、竹、石、刀、鱼、网等。教学象形字时，教师引导学生观察实物或图画，让学生看一看、猜一猜，找出象形字与图形的相同点，将字形与图形联系起来，以便记住字形。

二是指事字。指事字也多出现在中小学低年级识字阶段。在教学指事字时，教师可让学生明确指事字所指之意。如在教学"本"字时，可让学生明白，在"木"的下部加一画作为指示符号，指示树根的部位，因此"本"的本义是树根。在教学"末"字时，可让学生明白，在"木"的上部加一画作为指示符号，指示树梢的部位，因此"末"的本义是树梢。

三是会意字。会意字是比较有趣的汉字，一般而言，由两个以上的独体字组合而成，其意思就是各部件意思的组合。如，以"手"遮"目"谓之"看"，"人"倚"木"而立谓之"休"，"日""月"同辉谓之"明"，上"小"下"大"谓之"尖"，"衣""谷"不缺谓之"裕"，"色"彩"丰"富谓之"艳"，两"手"分物谓之"掰"。

四是形声字。形声字占现代汉字的绝大部分，因此，形声字的教学是识字教学的重点。形声字一般由"形旁"与"声旁"两部分构成，形旁表示汉字的意义，声旁表示汉字的读音。同一个形旁与不同的声旁组合，可以构成许多意义相关的字。如用"灬"做形旁，可以组成"烈、热、熊、煮、蒸、烹、熟"等与火有关的形声字。此类汉字，可以通过声旁读准它们的字音，以区别它们的字形。同一个声旁与不同的形旁组合，可以构成许多声音相同或相近而意义不同的字。如用"宣"做声旁，可以组成"喧、渲、暄、萱"等读xuān的形声字。此类形声字，可以利用汉字的形旁区别它们的意义，以区别汉字的字形，避免写成别字。形声字的形旁和声旁结合的方式多种多样。在进行形声字的教学时，教师应该引导学生找出形声字的形旁与声旁，分析形旁所表示的意义，声旁所表示的读音。还应引导学生利用形旁和声旁区别形声字中的形近字、同音字。

第三，歌诀字谜识字法。在汉字教学时，教师不可能对每个汉字都进行字理分析，可以编一些儿歌、口诀、顺口溜、字谜等，让学生在读读、背背、想想、猜猜中识记字形，既有趣味，又能加深印象，巩固记忆。还可以让学生自己进行创编，既能鼓励他们自主识字和创造性识字，又能锻炼他们的思维能力、语言组织能力、想象力、创造力。

第四，字形比较识字法。汉字中形近字的字形非常相似，难以辨认和识记，容易混淆。例如，今与令，兔与兔，鸟与乌，仓与仑，买与卖，卯与卵，壁与璧，己、已与巳，戊、戌与戍。因此，形近字教学是字形教学中的一个难点，教师应注重形近字的归纳、比较与辨析，再辅以字形教学的其他方法进行教学，突破难点。

第五，游戏比赛识字法。低年级学生爱玩、好动、喜胜，有意注意的持续时间比较短。因此，创设生动、有趣的识字学习环境，寓教于乐，让学生在轻松愉快的游戏中学习，在"玩"中识字，既尊重了学生的天性与身心发展特点，又能让他们在游戏比赛中获得积极的情感体验，激发其主动识字的兴趣。

第六，结合生活识字法。生活就是一个大课堂，处处是生字，让生活中的汉字走进课堂，让识字教学走进生活实践，这不仅可以强化识字教学的效果，而且可以让识字更贴近学生的实际生活，激发学生学习生字的渴望。教师要充分利用生活这块识字沃土进行教学，引导学生做一个生活上的有心人，让学生通过看书、读报、看电视识字，从各种商品中识字，从各种路牌、门牌、广告牌中识字。教师还可以让学生带来各种生活中见到的字，在班上交流学习，分享识字的成功与快乐，提升识字的兴趣，提高自我识字的能力。教师应尽可能获得家长的帮助与支持，邀请家长也参与到学生的识字教学中。

（3）字义教学。字义教学的方法很多，教师应该根据字词的不同情况，采取不同的方法。

第一，字理分析法。汉字是表意文字，教学字义时，教师可以利用象形字的直观性、指事字的指示性、会意字的形义联系、形声字形旁的表意性等字形特点来帮助学生理解字义。只要教师讲清了汉字的构字方法，说清了汉字的字理，学生便不难明白汉字的字义。

第二，直观演示法。中小学低年级学生的思维以形象思维为主，因此，在中小学低段的识字教学中，教师可以通过观察实物、图画、表情、动作、实验、表演等方法，将抽象的文字符号表示的意义直观、形象、生动地展现出来，帮助学生理解与记忆。

第三，比较分析法。汉语中存在着大量的近义词和反义词，在教学时，教师可以引导学生用熟悉字词来理解意思相同、相近或相反的生字词。例如，"美丽"可换成"好看"，"美"就是"丽"，"美"和"丽"都是"好看"的意思；"寻觅"可换成"寻找"，"寻"就是"觅"，"寻"和"觅"都是"找"的意思；"担忧"可换成"发愁"，"忧"就是"愁"的意思。又如，"退"的反义词"进"，"贫"的反义词"富"，"朝"的反义词"夕"，"拾"的反义词"扔"。

第四，组词造句法。汉字中大多数的字都可以表达多个意思，同一个字在不同的词语组合和语言环境中，含义不同。一字多义的学习是中小学中低年级识字的一个难点。在教学中，教师可以引导学生给生字组词、造句，在具体的语言环境中，理解字义，掌握字的用法。例如，"深"，可以组成"深山、深渊"，表示距离大，与"浅"相对；可以组成"深夜、深秋"，表示久，时间长；可以组成"深色、深红"，表示颜色浓；可以组成"深情、深交"，表示感情好，关系密切。也可以根据不同意思，依次造句"这条河的水非常深；夜已经很深了，他还在不停地工作；她穿的衣服，颜色太深了；他俩的关系很深"。

第五，联系实际法。汉语中有些字词的意义比较抽象，不方便直观地演示、表达出来，但是这些字词在生活中常常出现，学生也曾经见过、经历过。在教学这些字词时，就可以通过联系学生的生活实际，用具体的例子来唤起他们的亲身感受，帮助他们理解字词的意思。

第六，结合语境法。结合语境、联系上下文理解字词的方法是一种最基本的、常见的、重要的字义教学方法，有助于帮助学生理解那些抽象的字词，避免学生死记硬背字词的含义。例如，在教学《丑小鸭》中的"欺负"时，为了让学生理解该字词的意思，可以结合下文"哥哥、姐姐咬他，公鸡啄他""小鸟讥笑他，猎狗追赶他"来理解。

3.写字课程教学的方法

写字教学方法多样，形式灵活，教学有法，但无定法。在实际教学中，教师可根据情况选择一种或多种不同方法，综合运用，灵活处理。

（1）讲解法。讲解法是最基本的写字教学方法，教师用语言来讲解写字知识、书写要领的方法。教师要充分利用板书、幻灯片、投影、生字卡等，讲清每个字的笔画、笔顺、间架结构以及各部分的比例关系，对难写或易错的笔画、部件更要加强指导，以引起学生注意。只有笔笔交代清楚、字字讲清结构，学生才能掌握正确的写法。教师讲解时应突出重点，解除疑难，语言要准确精练、通俗明白，有吸引力，富有启发性。

（2）示范法。在讲解写字要领的同时，教师还要加强示范。特别是在学生初学写字阶段，教师一定要对每个生字进行示范指导。教师示范时应注意动作缓慢，可边示范边讲解，帮助学生看准字的形态，看清书写的过程，进而理解运笔造型的道理，引导他们眼看、耳听、心想，加深体验。

（3）观察法。汉字的书写有一定的规律。教师应该要求学生"眼看"与"手写"结合起来，在具体的教学实践中，教师在引导学生观察时，应该让学生学会观察田字格中的范字、学会对比观察、学会教师的范字、学会观察同学的书写。

第一，学会观察田字格中的范字。田字格中的字是学生学习和模仿的范本，教师要引导学生认真观察这些字的笔画、结构，以及各部分在田字格中的位置，并努力记住它，尽力模仿。例如，在写"吃、唱、喝、和、如、扣"等字时，就要让学生观察、比较"口"字的不同摆放位置，进而发现以下规律："口"字在左边，要写得偏左偏高一点；"口"字在右边，要写得偏右偏低一点。

第二，学会对比观察，能自己区分形近字的细微差别。汉字中形近字较多，学生也最容易混淆，容易写错。为减少这种错误，教师应该从小培养学生的观察力，并教授给学生辨别形近字的方法。例如，在写兔、免，己、已、巳，戊、戌、戍，戎、戒，卯、卵等字时，可将形近字罗列出来，让学生对比观察，找出其中的细微差别，教师也可自编口诀，便于学生更轻松地记忆。

第三，仔细观察教师的范写。在进行写字教学时，教师应该一边讲解一边示范。教师的范写是最直接的指导，要引导学生看清每一笔的运笔方法，并让学生试着这样写。在中小学低年级阶段，教师的范写尤为重要，这既是指导书写的过程，也是巩固识字成果的过程。

第四，仔细观察同学的书写，学会评价。在评价的过程中，学生会仔细观察，将汉字的正确写法与同学的书写进行对比、辨别，发现同学书写的优缺点，从而做出恰当的评价。只有观察仔细了、观察到位了，评价才能恰如其分。在整个写字教学的过程中，教师都应该引导学生进行自我评价或相互评价。评价的过程也是自我提高的过程。

（4）书空法。书空法有一定的局限性，书空不能替代写字，会书空，不等于会写字，汉字的间架结构和笔画的书写规则等还是需要依靠写字练习才行。因此，教师应该将书空法与其他写字教学方法一同使用。

（5）描红法。描红是在印好的红色范字上进行描摹的练字方法。在描红前，教师要先讲解范字的书写要领，最好一边范写一边讲解，引导学生观察范字在田字格中的位置、大小、笔画、间架结构。也可让学生用手指做"书空"练习，熟悉范字的笔画、笔顺，掌握运笔的轻重、快慢、起止，做到心中有数。对于初学写字的学生而言，描红可以帮助他们掌握汉字的书写要领，了解汉字的部首比例，笔画的长短粗细、穿插避让，字形的大小、位置等。但是，描红法不宜长用，一般在中小学低段使用，应逐渐过渡为临写。

（6）临写法。临写是指在教师讲解示范的基础上，学生对照字帖自行临摹练写。临写是写字教学的主要部分，也是学生写好字的关键。在临写之前，教师应先对范字进行讲解、示范，并引导学生看清楚范字的结构和笔画，观察范字在田字格中的位置——字的上下左右与四面格线的距离，观察范字的形状和大小——方与扁、斜与正、长与宽、大与小。重点引导学生观察范字的每一个笔画、每一个笔画在田字格中的位置以及笔画之间的相互关系。汉字每一个笔画的长短、弯度、弧度、角度都很有讲究。在书写时，教师应要求学生不能看一笔写一笔，要一气呵成。写好之后，让学生将自己写的字与范字进行认真细致的比较，找出差距。然后根据存在的缺点，认真修改，反复书写，直到满意为止。

（7）多媒体辅助法。教师可以运用多媒体解析基本笔画，教师可以运用多媒体呈现汉字的间架结构。不同结构的汉字，其书写的规律不同。教学中，教师可以利用视频指导学生观察、分析字的构成，掌握字的间架结构。写字教学中笔法的讲解是一大重点和难点。教师可运用多媒体展示写字的动作和字迹变化过程，特别是点画的轻重，起笔、行笔与收笔的动作，笔杆、笔尖在书写中的运动变化，指、腕、肘配合的动势节奏，转折、停顿与提按的和谐统一等。多媒体的 Flash 动画能使汉字笔法的学习更直观、生动，更能引起学生的注意，增加学生的学习兴趣。但是，多媒体只是辅助教师的教学，教师不可完全依赖多媒体，而忽视了板书和范写。中小学生具有较强的向师性和模仿性，教师的示范异常重要。因此，在写字教学中，教师应该适时板书，引领学生一起书写，为学生树立良好的榜样。

（8）熏陶法。熏陶法是在写字教学过程中，教师运用多种教学手段，对学生进行熏陶感染，逐步培养学生审美趣味，引起审美心理的逐步变化，调动学生对写字、书法的兴趣。教师可给学生讲古今中外书法家的故事，如"萧何深思题匾""张芝临池学书""王羲之书竹扇""王羲之教子习书法""王羲之吃墨""柳公权发奋练字"等。教师也可将名家的优秀书法作品制作成课件（PPT），再配以古典音乐，学生一边聆听着《高山流水》《春江花月夜》等古典名曲，一边欣赏着名家书法，也可以在教室内张贴文学艺术书法作品等，将教室布置得具有浓厚的书法氛围。通过营造种种书法氛围，学生在潜移默化中受到美的熏陶，写字的兴趣油然而生。

（二）识字与写字课程教学的策略

1. 正确、科学地对汉字进行分析

汉字是表意体系文字，是音、形、义三者的统一体。汉字一字一形，数量大，且同音字、多音字、多义字、形近字较多，难以辨析。教师在进行识字教学时，能够根据汉字的构字方法进行教学，科学地解读汉字，提升学生的识字能力。在识字教学中，教师若能正确地分析汉字的形体构造，科学地解读汉字，这不仅能让学生把握汉字形体、结构、部件和笔画的特点，轻松习得汉字，也能让学生体会到古人造字的巧妙，感受到中华民族的伟大智慧，引发热爱祖国语言文字的感情，激发主动识字的兴趣和强烈愿望。

2.遵循学生心理特征和遗忘规律

中小学中低段学生有其特有的心理特征，主要表现在思维、记忆、注意等方面。在思维方面，以具体形象思维为主，抽象逻辑思维不够发达；在记忆方面，无意识记、机械识记、具体形象识记仍起着重要的作用，而有意识记、理解识记、抽象逻辑识记正迅速发展；在注意方面，无意注意占据主要的优势，有意注意正开始发展，易受到新鲜事物的刺激与影响，注意时间不够持久。另外，学生还具有较强的好奇心，喜欢玩游戏，擅长模仿。因此，教师在进行识字教学时，应尽可能采用直观形象的教学手段、变换教学方法，尽可能给学生展示实物、模型、图片，或者播放动漫、视频，或者做游戏、现场表演等，以适应学生的思维、吸引学生的注意、强化学生的记忆。

3.利用多种方法认知和巩固生字

识字教学时，教师宜采用多种方法认识生字和巩固生字，不仅要让学生读准字音，还要让他们记住字形、了解字义，帮助他们建立起音、形、义三者的联系。在识字教学时，教师应根据学生的心理特征和不同年级的识字要求，采用恰当的、多样的识字方法。为了巩固识字效果，教师可以在识字教学中让学生借助拼音认一认、去掉拼音认一认、打乱顺序认一认、回到课文认一认、换个地方认一认、做做游戏认一认、拓展阅读认一认等。同一个生字以不同的方式出现，在不同的地方出现，在不同的语境中出现，如此反复多次，不断重复，以加深印象，巩固识字。

4.引导学生在生活中多进行识字练习

识字教学不应仅仅停留在课本上、课堂上，应充分利用课本以外、课堂以外的其他资源，还应鼓励学生家长参与到识字教学中，以帮助学生巩固识字效果、扩大识字量。教师和家长可以引导学生通过识记教师、同学的名字，教室、办公室、实验室的门牌，教室里的标语、黑板报，校园的标语、横幅；可以通过看电视、阅读学生读物。只有让识字源于生活，又回归生活，才能让汉字真正地活起来；才能让学生深切感受到识字的实际意义，体会到汉字的重要作用，享受到识字的成功与快乐。

第二节　语文口语交际课程的教学

在中小学语文口语交际教学中，教师要合理把握口语交际的特点，突出训练的主体与目标，有效运用口语交际教学的策略。通过创设情境，注重结合中小学语文教学的特点，在各个环节有意识地培养学生的口语交际能力。教师要注意评价的导向和激励作用，充分利用随堂性评价和激励性评价，根据教学主题，因地制宜地采取富有个性的评价策略。充分考虑提高学生口语交际能力的情景与策略，积极引导学生在日常家庭生活、社会活动以及学校活动中锻炼口语交际能力。注重指导学生在口语交际中文明表达、个性地表达以及合理地运用肢体语言，准确表达自己的思想，指导学生做一个会表达且具有较高口语表达水平的人。

一、口语交际的意义、特征与功能

广义的口语交际是以口语为载体，实现人与人之间交往的活动。狭义的口语交际是交际双方为了特定的目的，在特定的环境里，运用口头语言和适当的表达方式传递信息、交流思想、表达情感的双向互动的言语活动。

（一）口语交际的意义

语言是人类最重要的交际工具，在现代化生产和生活中，口语交际的地位显得越来越重要。口语交际在社会生活中所发挥的作用远超过以往任何一个历史时期。口语交际对个体生活同样起着重要作用。在生活中，需要面对纷繁复杂的关系，这就需要恰当地运用口语交际处理好各种人际关系，保持工作、生活的愉快和谐。现代生活的高效率、快节奏给人们的精神带来了极大的压力，需要运用口语交际放松自我，通过轻松、愉快的交际使心理得到平和与安宁。由此可见，无论是社会生活还是个人生活，都离不开口语交际这一良好的沟通方式。

（二）口语交际的特征

口语交际具有口语化和大众化、互动性和综合性、生动性和多样性、临场性和随机性等特征，是人们使用最频繁、最广泛的交际手段，是生活中不可缺少的重要组成部分。

1.口语化与大众化特征

口语交际使用的是口头语言，它和书面语言不同。首先，口语的语音具有易逝性。书面语是以文字的形式记录下来的语言，主要用于看，形式的保留具有持久性。而口语是说的语言，主要用于听。口语的语音具有易逝性，也就是一句话讲出来，就是最终的形式，而这种形式保留的时间很短，在人们脑海中只能留下短暂的记忆。因此，在运用口语进行交际时，应该尽量避免过多地使用专业术语、晦涩难懂的词汇以及寓意深奥的句子。其次，口语的形式具有简散性。由于口语表达往往是边想边说，因此不可能对语言进行细致的润色和加工，所以遣词用句、组织结构、语法规范等显得有些粗疏，表现出简略和松散的特点。口语简明概略，往往运用短句使意思更为清晰，有时还采用、省略、隐含等形式使表达更为明了。

总而言之，由于口语具有上述特点，因此，在交际时，应该尽量使用大众化的口头语言，使得表达更简明、更通俗、更生动、更灵活、更贴近生活、更为人所理解。

2.互动性与综合性特征

口语交际又是一种特殊的社会实践活动，任何人只要作为口语表达者参加这种特殊的社会实践活动，就会综合反映出个人的语言能力和交际能力。良好的口语交际除了有赖于一定的语言能力，还十分重视交际者的语用能力。除了注重言语本身的表达，还注重人际礼貌、身份协调和跨文化矛盾等交际规则的领会，它是一个综合了听觉、视觉、感情、记忆、思维、评价、认识、创造等活动的动态实践过程。

3.生动性与灵活性特征

口语是一种生动活泼、富于变化、充满情感的语言，运用这样的语言进行交际，明白流畅、真切随意、轻松自然。口语交际的话题丰富，日常生活中的一事、一物、一人、一景都可以成为交际的话题，交际的内容常常会随交际双方的兴趣、爱好以及特定的心理情绪、情境氛围等发生变化。人们在进行口语交际时常常会采用灵活的言语形式，表现出各自不同的言语表达风格，这些都体现了口语交际的多样化和灵活性。

4.临场性与随机性特征

口语交际总是与一定的对象，在一定的场合、一定的环境、一定的话题中进行的。交际的过程中，常常会有沉默、冷场等场面，会出现一些突如其来的变化、难以预测的事态等，使得交际难以持续下去。这往往需要交际双方临阵不乱，随机应变，巧妙地摆脱困境。

（三）口语交际的功能

第一，传递信息的功能。如今，是一个信息爆炸的时代，信息应用于经济、文化等领域，同时影响着人们的日常生活。信息的传播途径很多，其中口语交际的方式是最直接、快捷、有效的。不同的交际者聚集在一起，无形中构成了一个"信息库"。交际者们通过信息的输入、输出和调整、反馈等方式，完成了信息交流。这一过程中，他们不仅获取了大量的信息，同时还对原有的信息进行了证实和加工。

第二，沟通情感的功能。情感是一种高级的心理现象，是人对客观事物是否符合自己的需要、愿望和观点而产生的一种心理体验。口语交际可以让人将自己的情感抒发出来，使人的精神得到满足或释放。通过口语交际的方式，人们可以尽情地倾诉忧愁与喜悦、恐惧和希望、痛苦和欢乐；可以排忧解难，消除隔阂；可以抚慰愁苦烦闷的情绪，激起对美好生活的追求与向往。

二、语文口语交际课程教学的类别

关于口语交际有哪些训练形式说法不一。从语言表达角度分，有质疑、求助、采访、答问、评价、介绍、接待、探访、请求、汇报、演讲、辩论等；从实践运用角度分，有对话、演讲、辩论、谈判等。根据中小学生实际的口语交际使用范畴，还可以设计以下口语交际训练形式：自我介绍、口述见闻、工作汇报、祝贺感谢、接待客人、求助于人、自由议论、争辩问题、主持会议、交易商谈。根据上述不同的口语交际训练形式，可以将口语交际教学分为三种类型：独白型、对话型、表演型。

（一）独白型课程教学

1.独白型课程教学的认知

独白型口语交际指独自进行较长而连贯的言语活动，听众与说话者没有直接的言语交流，一般通过表情、气氛回应。独白型口语交际教学内容包括介绍，例如，自我介绍、介绍朋友宾客、介绍家庭、介绍家乡、介绍一张照片、介绍一个民族、介绍一座城市、介绍一处名胜古迹或世界名城、介绍一种动物；陈述，如说说个人的观点、说说自己的奇思妙想、说说自己的愿望、说读后感观后感、说经验谈教训、说目击情况、发布小小新闻；演绎，如说笑话、说故事、说相声、说广告、朗诵诗文。

独白型口语交际的主要特点是以说话者为口语交际的主体，口语交际目标一般为事先预设，指向明确，交际的内容相对单一、独立，结构比较严谨、完整。如自我介绍，口语交际的目的就是让别人了解自己，交际的内容集中，一般不涉及和"我"无关的内容，介绍时需要有开场白，还需要分几方面介绍"我"的个性、特点、爱好，最后还应该有结束语等，整体结构比较严谨。

2.独白型课程教学的训练

由于独白型口语交际侧重信息输出，主要目的是向别人介绍一个内容、陈述一件事情、说明一个道理，使其明白、理解，因此对表达的要求较高。交际时，不仅要求内容正确，避免科学性错误，还要求表达有层次、有条理，选取的材料能反映表达的主题。在进行独白型口语交际教学时，应该掌握以下要领：

（1）确定主题。口语交际的表达并不是说得越多越好，辞藻越华丽越好，而应该根据确定的主题，精选表达内容。假如不围绕主题展开口语交际，必定会出现"言愈多而理愈乱"的现象，让听者有不得要领的感觉，无法接受正确、有效的信息。因此，为了更好地把信息传递给别人，让人听清楚、听明白，在表达时，要注意"意"在"言"先，不能随心所欲地漫谈，也不宜经常变化主题。在进行独白型口语交际教学时，教师应该引导学生在表达前确立一个主题，然后围绕主题展开交际。例如，进行自我介绍，可以让学生明确口语交际的主题是"介绍自己"，应该选择和自己有关的内容，通过介绍让别人能迅速地了解自己，与此关系不大的内容不应该在介绍中出现。又如，介绍一处风景名胜，则应该明确意识到介绍的主题是某处的"风景名胜"，而某处的工业、农业、经济建设等情况就不应该逐一赘述。

（2）明确对象。独白型口语交际教学应该引导学生形成对象意识。表达者不仅要根据信息受众的不同年龄、身份、职业等采用不同的表达方式，还应该根据口语交际场合、目的的不同，选择适合的表达方式。例如，进行竞选发言时，就要注意听众中既有同学也有教师，可能还会有家长代表，发言的内容应该适合这三个不同的群体。由于竞选场所的严肃性，还应该采用严谨、规范的表达方式，言语可以适度幽默，不能给人留下不稳重的感觉。

（3）选择内容。进行独白型口语交际教学时，应该注意表达的内容要切题，凡是能有力地说明、突出、烘托主题的就选用，否则就舍弃。表达的内容要典型，应该选择最有特征、最有代表性的材料。能说明主题的材料很多，没有必要也不可能把与主题有关的材料都表达出来，因此教师应该引导学生去粗取精、去伪存真。

（4）谋划结构。进行独白型口语交际教学时，为了使表达的内容更有条理，在表达前应该设计合理的结构。一般而言，事件有发生、发展、结束几个阶段，问题有提出、分析、解决等过程，人物有成长变化的具体经历，场景有空间位置的分布格局等，依据这些可以把结构安排好。

（二）对话型课程教学

1.对话型课程教学的认知

对话型口语交际是由两个以上的人参与的、双向性或多向性的、以口语为载体的信息交流活动，也是人际间使用最广泛、最直接、最灵活、最简便的言语交往形式。对话型口语交际以对话为主要方式，包括道歉、做客、祝贺、待客、转述、劝阻、商量、请教、赞美、批评、安慰、解释、采访、辩论、借物、购物、指路、问路、看病、打电话、邀请等。

对话型口语交际体现了交际双方你来我往的互动过程，需要双方互相配合进行言语活动，参与对话的人既要认真倾听，还需要根据实际情况表达自己的想法，回应对方的问题，因此在口语交际过程中交际双方互为主体。对话型口语交际的目标一般事先预设，但由于交往的过程中常常会出现不确定因素，因此交际目标也会因为实际情况的变化而随时生成。对话型口语交际的话题灵活、内容丰富，既可以集中在某个话题上深入全面地展开，也可以由一个话题发散出去，转入另一个话题的探讨。对话型口语交际需要听、说相互配合，既不能夸夸其谈进行"一言堂"，又不能不加回应使谈话"冷场"；既要注意全面理解别人的发言，又要能围绕话题发表自己的意见。由于对话型口语交际是一种面对面近距离的交际，因此可以使用口语来使交际更随和、自然。

2.对话型课程教学的训练

（1）讲究对象。在对话型口语交际中，会遇到不同年龄、不同职业、不同身份、不同性格特点的交际对象，因此，交际者应该形成强烈的对象意识，针对不同对象，组织有针对性的话语，这样才能使口语交际收到理想的效果。如果不顾及交际对象的实际情况，有可能闹出笑话，甚至会引起对方的不悦，使交际难以持续。

（2）讲究场合。无论是独白型还是对话型口语交际，不仅要注意研究交际对象，还要讲究交际场合，讲究审时度势，使交际符合特定场合的要求。口语交际的场合按性质分可以分为正式场合和非正式场合；按情境分可以分为喜庆场合、悲痛场合、紧张场合等。在进行对话型口语交际时，要善于根据特定的场合来选择交际的方式，组织交际语言。如果置交际场合于不顾，不仅很难达到交际目的，甚至适得其反、贻人笑柄。

（3）讲究配合。对话型口语交际是一种双向性信息交流活动，交际双方既是交际的对象又是交际的主体，因此，双方的默契配合是交际持续和成功的重要保证。交际时，应该具有角色意识，随着话题的进展不断调整自己的角色，既要能侃侃而谈，也要能认真倾听。

（4）讲究礼貌。在对话型口语交际中，由于交际双方直接使用口语进行交际，因此更应该注重用语文明，讲究礼貌、相互尊重。语文课程标准十分重视交际礼貌，提出"与别人交谈，态度自然大方，有礼貌""与人交流能尊重、理解对方""在交际中注意语言美，抵制不文明的语言"等要求，进一步说明讲究礼貌、营造良好氛围的重要性。

（5）讲究策略。在对话型口语交际中，交际双方都处于特定的时间、地点和特定的人物关系中，怎样使交际更有效，需要讲究策略。根据交谈内容，何时陈述、何时说理、何时争辩等都需要认真考虑；哪些话应该展开发挥，哪些话应该转换话题，哪些话应该说得直截了当，哪些话应该说得委婉含蓄，哪些话应该说得幽默风趣，哪些话需要说得义正词严，都应该讲究策略，这样才能够取得良好的交际效果。例如，转换话题策略。在交谈的过程中，当发现对方对某一个话题已没有谈论的兴趣时，应该及时转换；当针对某一话题出现紧张气氛、紧张局面时，应该及时转换；当自己对某个话题失去兴趣时，也应该适时转换。

（三）表演型课程教学

1.表演型课程教学的认知

表演型口语交际教学的主要内容包括表演童话剧、表演课本剧、当众演讲、主持节目等。表演型口语交际是一种兼具独白型和对话型特点的、以语文综合实践活动为主要特征的口语交际类型。表演型口语交际有别于真实的日常口语交际，它除了承担"口语交际"的任务，还有提高学生综合素质的要求。例如，表演课本剧。首先，需要将课本内容简单地改编为可以表演的剧本形式，这对学生的写作能力有一定的要求；其次，需要进行简单的环境布置，这对学生的审美能力提出了一定的要求；最后，在表演的过程中，要运用独白叙事，或者对话交流等，整个交际过程内容丰富、形式多样，体现了口语交际综合性的特点。

2.表演型课程教学的训练

（1）注重交际前的准备。表演型口语交际是一种综合性的交际类型，对学生的口语交际能力、写作能力、表演能力等都提出了一定的要求。因此，需要给学生一定的准备时间，这样他们才能将几种能力有机地结合起来，表现出自己的综合素质。进行表演型口语交际教学，教师应该提前布置交际任务，提出交际要求，让学生通过不同渠道收集交际所需的资料，组织交际内容，并进行排演。只有在课前做好充分的准备，学生才能充满自信地进行表演。

（2）注重学生的综合表现。表演型口语交际具有综合性的特点，因此教学目标不能只锁定在"口语交际"上，要从培养学生语文综合素养的角度出发，制定多元的教学目标。以演讲为例，它是指在特定的时空环境中，以有声语言和相应的体态语言为手段，公开向听众传递信息，表述见解，阐明事理，抒发感情，以期达到感召听众的目的，它是一种直接的带有艺术性的言语实践活动，演讲不是一般的独白，它具有感召性和艺术性的特点。因此，不仅要求演讲者在演讲前用心撰写讲稿，演讲时做到言语规范、表达流畅，而且，为了获取现场感，还需要遵循一定的表演要求，要精心设计富有感染力的肢体语言，甚至要借助于戏剧、音乐、绘画、相声、小说、诗歌等多种文学艺术手段为其服务，这显然已经不仅仅局限于"口语交际"的范畴了。在课堂教学时，教师既要重视对学生口语交际能力的指导和评价，也要对学生在组织材料、选用道具、临场表演等方面所表现出来的素质进行必要的点拨和评价。

（3）注重个性化交际。表演型口语交际留给学生的空间更为开阔，学生交际的方式更为多样。教学时，教师不能只设计简单划一的口语交际目标，更不能用同样的标准去衡量富有差异、充满个性的学生。表演型口语交际教学应该成为一个更自由、更开放、更具个性化的舞台，让学生在演一演、做一做、听一听、品一品、看一看等生动有趣的活动中展现个性化口语交际的过程。

三、语文口语交际课程教学的路径

教学策略是在教学过程中，为完成特定的目标，依据教学的主客观条件，特别是学生的实际，对所选用的教学顺序、教学活动程序、教学组织形式、教学方法和教学媒体等的总体考虑。口语交际教学中选择有效的教学策略，能提高教学的有效性，促进学生口语交际能力提高。中小学语文口语交际教学策略主要包括以下方面：

（一）激发交际的兴趣

兴趣是个体力求认识某种事物或从事某项活动的心理倾向，它表现为个体对某种事物或从事某项活动的选择和积极的情绪反应。兴趣也是认识和从事活动的巨大动力，是推动人们去寻求知识和从事活动的心理因素。中小学语文课程需要根据学生身心发展和语文学习的特点，关注学生的个体差异和不同的学习需求，爱护学生的好奇心、求知欲，充分激发学生的主动意识和进取精神，应该在有利于学生激发兴趣的自主活动中全面提高语文素养。因此，口语交际教学中，应该重视学生交际兴趣的激发，鼓励他们主动、积极地进行人际交流。

1.话题有趣，要求恰当

口语交际的话题应该符合学生的年龄特点，激发兴趣。例如，再现学生熟悉的生活、学习场景，提供社会时事、热点新闻，选择学生感兴趣的影视作品，提取学生中有分歧的观点，提供以应用能力为主的活动情境等。口语交际的要求应该符合学生的认知水平，教学要求不能只满足于甚至低于学生发展的现有水平，这样难以激发学生的参与兴趣。当然，口语交际的教学要求也不能过于远离学生的发展水平，这样学生会因为要求过高而产生畏难情绪。

2.内容丰富，形式多元

中小学生兴趣的稳定性和持久性相对比较差，因此教师应该通过丰富的内容、多样的形式来激发学生口语交际的兴趣。活动的设计要贴近生活，富有生活气息，采用的形式要为学生所喜闻乐见。例如，观看录像、角色模拟、悬念设计、猜测假想、小品表演、故事续编、讲述见闻、作品展览、评比竞赛、实践运用，让学生在"玩一玩，说一说""画一画，说一说""做一做，说一说""演一演，说一说"中，形成浓厚的交际兴趣。

3.氛围愉悦，鼓励成功

教学氛围的营造包括物态的和心态的两大部分。物态氛围主要指教室环境和学生的课外生活。口语交际兴趣的激发，需要合适的物质氛围。口语交际教学比较多地在教室中进行，因此教师就要根据特定的交际话题来调整教室氛围。当然，口语交际不必只局限在教室这一小范围之中，走出教室，走入社会，到田野、果园，到农场、企业，到社区、街道等。那里或许更能激发起学生交际的渴望，山川河流、名胜古迹都能够成为口语交际理想的物态环境。心态氛围是一种社会情感气氛，它影响着群体的集体精神、群体的价值以及每一个学生的内心世界。课堂中教师真挚的情感、浓浓的爱心、亲切的话语、和蔼的微笑会产生极大的感染力，能营造和谐、愉悦的氛围，对课堂教学效果产生"助推"作用。

（二）恰当创设教学情境

在建构主义理论的认知中，学习者要想完成对所学知识的意义建构，即达到对该知识所反映事物的性质、规律，以及与其他事物之间联系的深刻理解，最好的办法是让学习者到现实世界的真实环境中去感受、去体验。传统的教育常常在人工环境而非自然情景中，教学生那些从实际中抽象出来的一般性的知识和技能，而这些东西往往会被遗忘，或是只能保留在学习者头脑中，一旦走出课堂到实际需要时便很难回忆起来。

知识总是要适应它所应用的环境、目的和任务的，因此，为了使学生更好地学习、保持和使用其所学的知识，就必须让他们在自然环境中学习，或在情境中进行活动性学习，促进知与行的结合。这一理论对口语交际教学有一定的借鉴意义。口语交际具有很强的实践性，它需要在一定的情境中，通过实践运用来形成口语交际的能力。没有具体的情境，学生就不可能承担有实际意义的交际任务，也不可能有双向互动的实践过程。情境创设恰当与否，将直接影响学生口语交际能力的形成。因此，中小学口语交际教学活动主要应在具体的交际情境中进行。

1.利用多种方式创设情境

（1）用生动的语言描绘情境。教师用富有感染力的语言为学生创设生动的情境，能使他们积极主动地融入角色，找到情感共鸣点，产生情感回应，在言之有物、言之有序的基础上，做到言之有情。

（2）用实物图片创设情境。中小学生智能发展处于初级阶段，他们需要借助具体、直观的事物来帮助理解。直观形象的实物、图片展示，能吸引学生的注意力，便于他们仔细观察，从而使得学生的观察能力和思维能力得到培养，使口语交际的条理性和准确性得以提高。

（3）运用多媒体丰富情境。多媒体融音、画为一体，通过视频和音频创造生动丰富的形象，对学生的视觉、听觉产生冲击，让他们产生身临其境的感觉，不仅能激发学生口语交际的兴趣，对他们理解、分析、判断信息以及合理地选择和利用信息也有帮助。

（4）运用角色表演走进情境。喜好表现是学生的天性，在真实的表演中，学生的情感能自然流露，交际的渴望十分高涨。因此，教师应该选择贴近学生实际生活的口语交际内容，采取他们熟悉、喜爱的方式，让学生边表演边进行口语交际。例如，可以在做游戏的过程中，进行口语交际；可以将教学内容演变为具体的生活内容，让学生进行表演；可以根据课文内容改编成情景剧；可以将静态的口语交际内容，改变为以交际为目的的动态的表演内容。

（5）组织有趣的活动活化情境。有趣的活动能使交际的情境活泼、生动，更容易激发学生的积极性和创造性。在活动中，学生动手、动脑、动口，调动多种感官参与口语交际，使口语交际自然、深刻。由于大多数活动需要合作，这不仅培养了学生的交际能力，还能形成人际合作意识，对学生综合素养的形成大有裨益。例如，做一做拼图、玩一玩有趣的游戏，让学生经过切身体验后，再进行口语交际。

2.根据不同类型创设情境

（1）模拟真实情境。创设恰当的口语交际情境，能激发学生的兴趣，引发交际的渴望。因此，教师要借助图画、音乐、场景、录像等手段在课堂上营造一种平等和谐、自由合作的氛围，把学生带入真实的情境，帮助学生进入角色。

（2）提供典型案例。案例本身就是一个交际的情境，提供典型案例让学生去交流、讨论、发现，不仅可以对案例形成个人独特的见解，而且在这一过程中培养学生的口语交际能力，形成敢于大胆发表自己的观点，尊重、理解他人的良好态度，以及讲文明、懂礼貌的良好修养。

（3）设计问题情境。所谓创设问题情境，就是充分利用学生的好奇，于新旧知识的衔接处，设置一种有新意、有趣味的"疑"境，造成一种教学内容和学生心理的"不协调"，从而激发学习动机。问题既是学习者最初的动机，也是整个学习过程的牵引力。问题情境是促进学习者进行自主探索和主动学习的条件。

（三）养成良好的学习习惯

语文课程标准从知识能力、过程和方法、情感态度和价值观三个维度全面地表述了口语交际的教学目标，特别是对学生交际时的态度习惯和价值取向提出了要求。尽管这不是口语交际的核心要素，但是，却影响着口语交际的效果，也影响着学生良好语文素养的形成。

第一，良好的倾听习惯。首先，全神贯注地倾听。全神贯注地倾听就是在听人讲话时注意力高度集中。其次，适度参与互动。插话时一定要注意适时、适度、有礼，这样才能使交际在和谐愉快的氛围中进行。最后，尊重、理解对方。

第二，文明的言语要求。首先，使用普通话；其次，使用礼貌用语。使用礼貌用语是社会文明的重要特征，也是个人素养、品德和语言修养的直接表现。适时、适当地使用礼貌用语能给人亲切、大方、有教养的感觉，能获得别人的理解、尊重和好感，能营造一种健康、积极、和谐的交际氛围。

第三，得体的体态语。体态语是通过表达者的表情、目光、手势、体姿等方式配合有声语言传递信息、交流思想的辅助工具，是一种诉诸听众视觉的伴随语言。运用体态语要注意：首先，面部表情。面部表情丰富多样，喜怒哀乐尽显无遗，因此，它也是口语交际时情感表达的晴雨表。口语交际时，神情要自信、大方、自然，恰到好处地运用面部表情能使口语交际更生动、表达更充分。其次，手势。手势语言十分丰富，能表示各种意义，在口语表达的过程中，可以弥补有声语言的不足，起辅助或强化作用。最后，身姿语。口语交际的身姿语包括坐的姿势、站的姿势等。在口语交际中，得体的身姿语不仅能给人以赏心悦目的感觉，而且能增加口语交际的亲和力，使交际变得融洽、自如。

第三节　语文阅读课程的教学分析

在语文学习中，阅读是一个至关重要的模块，它为学生打开了一扇观察世界的大门。在阅读优秀作品的过程中，学生观察到这个世界的精彩，他们的情操得到了陶冶，自身的价值观念也变得更为科学。他们在和他人进行交流的过程中没有更多的阻碍。阅读的过程中，能够更好地对学过的知识进行应用，学生是否具备扎实的文学基础，能够通过阅读更好地体现出来。阅读能够对个体的综合能力进行最佳的评价，它也是中小学语文教学过程中尤为关键的一个模块。中小学生具有较强的可塑性，他们对于世界的好奇心较强，求知的渴望也十分强烈。然而，正是由于他们具有这份好奇心理，假如他们在阅读的过程中缺乏有效的引导，直接的结果就是造成了读书是一种流于形式的行为。身为语文教师，应该把更多的精力放在阅读教学上，对于语文阅读进行合理的安排，对学生进行科学的引导，通过这样的方式，才能确保学生的语文阅读素养能够不断增强。

在开展阅读教学的同时，师生各自的角色存在极大的差异。语文教师对学生的阅读进行引导，他们自身是重要的引导者。教师必须站在如何增强学生阅读有效性的角度引导学生开展阅读。在语文课堂当中，学生扮演的是主体角色，他们对于材料进行分析，深入开展文本的交流，在更大的范围内进行阅读实践。他们结合自我的理论认知对文字进行理解，将自我的主体性充分展示出来。只有通过更多的教育实践，教学模式是否有效才能够得到更好的检验。学生在不断积累的过程中对阅读产生了浓厚的兴趣，阅读习惯也变得更为优秀，阅读能力得以增强。

综上所述，阅读教学不光是为了让学生能够理解，还需要引导学生在读懂的同时把握内在的方式，具备理解的能力。阅读教学这门课程本身就具有较强的实践性，它在读的过程中感悟，在读的过程中理解，在读的过程中使自我的情感得到陶冶。

一、语文阅读课程教学的特点

第一，主体的自主性。学习过程中，扮演主体角色的是中小学生，阅读的主体也是学生。在开展阅读活动的同时，学生要不断发挥自我能动性，通过自我的理解与思维方式深入研读阅读素材。在阅读教学过程中，"思考"是一个十分关键的环节。但是，需要注意的是，阅读的深刻性，不能对其进行泛化理解，要深入其中去理解，从阅读的素材中将其内在的含义挖掘出来，感悟人生的真谛。从中教师能够看出学生在阅读中的主体角色，这在很大程度上，保证了阅读的最终效果。

第二，实践的延伸性。阅读可以被看作是实践的一种，中小学生在文本当中能够把握特定的思维理念，产生新的想法。这对于学生本身而言，是一种知识与理论的延伸。然而，文本解读促进了文本与读者之间的交流，也可以被看作是文本本身与读者经验相交互的过程，也是一个不断探究的过程。在一些特殊的情况下，由于学生的认知能力是十分有限的，有可能无法正确地理解作者的观点，对其产生误解。在开展阅读教学的同时，语文教师要站在学生智力、学生心理特点，以及学生认知角度，探索更适合学生的教育形态。

第三，过程的调控性。阅读可以被看作是心理变化的过程，通过书面符号，读者能够把握其内在的意义。通过不断反思、深入认知，把这些符号进行一定的转化，将其变为能够自我认知的内容。就中小学语文阅读教学的维度来讲，它不可能一蹴而就，需要时间的大量积累。语文教师在对文本进行深入理解之后，能够设计出与文本相符的，由表层到深层的阶段性教学的形式。教师先要深刻理解文本，利用相应的教学手段，确保引导学生形成对文本的科学认知，更好地促进文本内容不断转换。

第四，效果的差异性。身为受教育者，各个学生存在明显的特色。不能对他们的认知水平、语言素养、理论积淀、组织能力等同等看待。开展阅读教学的同时，在面对完全不同的阅读材料时，学生通过文本产生的阅读效果也是完全不同的，这一现象在语文阅读教学中并不罕见。学生进行文本阅读，能够着眼于自身的主观条件进行深度思考。面对同样的阅读资料，学生的观点是完全不同的，这一现象也是无可避免的。从这一点来看，中小学语文教师在开展教学的过程中，需要对学生进行必要的引导，让学生真正理解造成差异性存在的根源。

二、语文阅读课程教学的地位

着眼于中小学语文教学的总体目标可知，在中小学语文教学中，阅读教学是绕不开的一个重要话题。学习中小学语文，学生需要具备独立阅读的素养，对于不同的阅读方法进行较好的把握。有着扎实的知识积累，具备较强的语感，强调情感体验的重要性，对自我理解能力进行更好的建设。具备读懂杂志报纸的能力，能够对文学作品进行赏析，确保自身的精神世界不断丰富。利用工具书，能够读懂简单的文言文。这是指导阅读教学的一个明确思路，也强调了中小学语文教学过程中阅读教学的价值所在。通过语文阅读，学生的"听、说、读、写"能力被有效地连接起来。通过中小学语文阅读教学，学生不仅能够具备更高的语文能力，也能够对于语言进行更加灵活的运用。它使得学生的逻辑水平、思维能力、认知水平等得到了综合的锻炼，也让学生能够更好地组织语言，锻炼他们的写作能力，提升对话能力。这些都对于学生的成长具有无可替代的作用。

就学生个体的维度而言，阅读教学促进了学生的个性成长，对于受教育群体具有关键性价值。阅读方式多种多样，其类型也众多，阅读材料包括多种类型，涉及方方面面。鉴于阅读教学的涵盖面较广，在开展语文阅读教学时，更加有助于促进学生的个性发展，提升他们的综合素养。其作用不仅在于能够开发智力，还能够调节学生的思维状态。在开展阅读教学活动时，利用各种各样的阅读素材，学生学会了对于问题进行深入的思考、分析，也增强了学生的创新能力。学生能够利用天马行空的想象，进行独立思考，通过阅读教学增强自信心，践行了"以生为本"的根本原则，将学生的主体性体现得淋漓尽致。但是，阅读教学对学生能力的提升绝不仅限于这些方面，它更加完美地彰显出中小学语文学科兼具工具性和人文性。人文性是其内在核心，工具性是重要的载体。语文教学不能单单着眼于知识的传递，特别是阅读教学更应该站在课程本身的维度，深入挖掘语篇、段落、句子的内涵，将文章中的人文性充分体现出来。教师引导学生深入认知其内在的价值，让学生能够利用这一机会形成正确的三观，陶冶自我情操，发展自我个性。

综上所述，中小学语文教学过程中，阅读教学占据着重要的地位，它能够确保学生的综合素养不断增强，学会主动积极地进行思考，增强创新思维，陶冶自我情操。

三、语文阅读课程教学的作用

中小学语文教学中，阅读教学是一个关键模块，其重要性不言而喻。开展阅读教学时，要把握课文的重点词汇与难点词语，了解文章写作技巧，对其思想核心进行把握，这是教学的关键所在。阅读教学既具有工具性，也具有人文性，它与语文知识学习之间有着密切的联系。换言之，在开展人文性教育时，教师不能够脱离文本对其进行孤立、抽象的理解。要遵循教师的引导，利用阅读理解的过程理解材料内在的丰富内涵，把握其核心思想。利用体验与感悟影响学生的综合能力、语文素养与价值选择。

（一）拓展学生识字的数量

阅读的对象是文字组成的文本，通过阅读能够识字，阅读在学生学习过程中扮演着重要的媒介作用。文字能够将语言记录下来，文字是一种特殊的符号形式；通过语言来体现文字的价值，如果没有语言这一载体形式，文字的价值甚至可以忽略不计。要想体现文字的价值，需要和语言相互结合来，因此，文字和语言紧密相关、无法分离。理解语言也需要建立在认识文字的基础之上。

开展阅读教学时，阅读材料当中包含着众多的书面文字内容。利用阅读，学生能够更好地识字，也可以结合自我认识，深入挖掘文字背后所蕴含的丰富知识。如此一来，阅读教学为识字提供了优越的环境背景。在这一语言背景之中，学生能够认识更多的文字。此外，需要强调的是，识字是阅读的一个重要基础。识字和阅读之间的关系尤为紧密，要对二者的关系进行深刻理解，真正认识到识字在阅读教学中的价值所在，科学把握两者的关系，让语文教学的开展变得更为顺利。

（二）提高学生的理解和写作能力

学生要想对书面语言形成更好的认知，需要通过阅读教学来实现。语文教学包括四个不同的模块，分别是"听、说、读、写"，其载体多样，其中重要的一个就是书面语言。书面语言通过多种形式体现出来，常见的包括"字、词、句、段、篇"。要想对其进行更好的把握，需要展开多种多样形式的练习，包括默写、朗诵等，将不同的方式结合起来。

阅读教学不单单是针对文章而言的，在对文章进行阅读时，首先要正确理解"字、词、句、段、篇"；其次对文章形成科学的把握，了解其精髓所在。如此一来，阅读教学就不单单是针对文章而言的，在阅读的过程中，学生的听、说、读、写能力得到了潜移默化的训练。阅读对于学生能力的训练不是针对特定方面的，它是一种综合素养的培育。除了能够获取信息、把握知识之外，学生多种素质得到锻炼。这也能够充分表明：阅读文章是阅读教学的核心，把段落、篇章、字词等融汇起来，开展听、说、读、写等综合性的语文训练。这也有效提升了学生多方面的素养，这一点不容忽视。

（三）促进学生形成正确的价值观

文字不单单可以被看作是特殊的符号，从人类社会发展的角度来看，文字也可以被看作一种文化形态，它是传承文化的关键要素，并非独立于人类之外的存在。人与文字之间紧密相关，它能够将人类发展过程中的各种思想淋漓尽致地体现出来。

语文学科具有较强的人文性，其中包含各种各样的文化内容、思维哲理、价值观念等。它不仅能够在思想上启迪人们，也能够确保个体文化品位的不断提升，审美修养的逐渐形成，确保阅读者具有更为正确的人生观和世界观。从语文教师的角度而言，语文教学除了能够进行理论知识的传递之外，教师更应该着眼于语文课程自身的特征，在开展教学时深入挖掘文本的词汇、段落、语篇等，把握教材内在的人文性。让学生科学地理解、正确认识、深入思考上述文本资料，提升自我的道德情感，发展自我个性，培养正确的三观。

（四）促进教师专业技能的进一步发展

阅读教学能够让教师的专业能力不断增强。身为中小学语文教师，面对当下迅速发展的信息化步伐，必须意识到学习的重要性，时时刻刻关注自我能力的提升，将阅读课堂有效利用起来，确保自身多方面的素养不断增强。积极成为传播理念的先驱，践行理念的实践者。怎样开展阅读教学、如何把握好各种读物，需要立足于多个维度，通过多元化视角反映出语文教师的自我专业水平以及个体文化修养。

当下，新课改提出了多种要求，阅读教学也面临着多重阻碍。教师必须有足够的危机意识，着眼于多个方面增强自我素养，让自己拥有更广的知识面。强化理论学习能力，关键是需要读专业的书籍，了解国家的政策走向，关注阅读教学的发展趋势。开展实践教学的同时，教师应该拥有创新，在工作中对自己严格要求，确保教学活动的开展更有目标、更有计划，也更具策略性。不管是在课堂的哪一个环节，都需要积极配合、深化反思、未雨绸缪，确保自身素养不断增强。语文阅读教学需要教师具备更多的知识储备、更高的专业素养，彰显出阅读教学的关键性所在。结合阅读教学深入开展研讨，确保教师专业能力的持续提升。

四、语文阅读课程教学的规律

不同时期的教材大都会探讨阅读教学的过程或步骤，其依据当然是阅读教学过程的一般规律。因此也有教材先探讨一般规律再探讨教学过程。其实，阅读教学过程的基本规律也是不同时期教学大纲所关注的内容。从语言文字到思想内容，再从思想内容到语言表达；从整体到部分再到整体，这确实是阅读教学过程应该遵循的基本规律，具体内容如下：

第一，指导学生阅读一篇课文，必须把它作为一整篇文章让学生读懂，要带领着学生从文章里走个来回。教学的大致程序为：先把语言文字弄清楚，从而进入文章的思想内容，再从思想内容走出来，进一步理解语言文字是怎样组织运用的。

第二，文学作品的教学，在准备谈话后通过阅读全文让学生对作品有了初步的完整的认识，然后在这个基础上再逐部分地阅读并加以分析。这就是从整体到部分。各部分阅读分析之后，进行复述工作和概括性谈话，使学生在熟悉作品每一部分的基础上，思索作品的整体，领会各部分之间、形象与基本思想之间的联系。这就是由部分再回到整体。这样才能透彻地理解课文，获得鲜明而完整的形象并受到深刻的感染。特别是教学篇幅较长的作品，教师先把全篇作品做扼要的讲述，略述全文结构的梗概，或者指出贯穿全文的线索，目的在于帮助学生了解某一部分的时候，知道它跟整篇的联系。然后逐部分地讲读。讲读某一部分，要注意它跟别的部分的承上启下的关系。可以运用编段落大意、复述、总结方式，让学生获得对全篇作品的完整的领会。

第三，讲读课的课堂教学不必固守一定的模式，但在教学的时候要有个整体性观念。要从整体着手，先对文章的整体有个初步的认识，再深入到各个局部，然后再回到整体上来，获得进一步的更完整、更深刻的认识。阅读之初，要凭借着语言文字读进去，了解文章的主要内容，体会作者的思想感情。在对文章的思想内容有了一定的认识和感受以后，还要进一步再读语言文字，体会语言文字是怎样反映思想内容的，加深对语言文字的理解，进一步提高理解水平。

第四，读者要读懂文章，当然也"披文人情"，从理解字、词、句、篇着手，进一步理解文章内含的思想、观点、感情。一般而言，阅读教学的过程（步骤）可以按照由整体到部分再到整体的顺序进行教学。

第五，单篇课文的理解可以通过自上而下加工和自下而上加工，"篇章结构的理解"与"字、词、句的学习""互为学习的条件""没有严格的或单一的起点能力"，这里虽然没有提出一定要"自上而下"，先梳理"篇章结构"，再学习"字、词、句"，即从整体到部分，但是，对"篇章结构"的理解也是"字、词、句的学习"的条件，可以说明让学生先大体了解课文整体情况对于详细学习"字、词、句"是必要的。

第六，阅读过程首先是一个整体感知的过程，即从整体教学目标出发（一册书、一个单元或者一篇课文）安排教学程序，让学生直接接触课文，而且是整篇课文。从整体到部分再到整体的教学思路也是符合图式理论观点的。从图式理论来看，人们在阅读一篇新的、内容不熟的文章时，如果见到一个熟悉的标题，读者总是根据这个标题所提示的原有知识来同化文章中的相关内容。对于内容丰富的文章，读者一般而言，先要了解文章的大致结构和主要内容，通过反复来回阅读，不断加深对文章的理解，最后能从主题思想、写作方法、遣词、造句的特点等方面来分析和评价文章。

从语文课堂的总体结构看，要考虑四个维度：①哲学的维度：整体—部分—整体；②心理学维度：内化—外化；③教学论维度：感知—理解—巩固—应用；④阅读学维度：熟读—读厚—读薄—读精。

五、语文阅读课程教学的模式

（一）特色语文阅读课堂教学模式

自20世纪80年代以来，我国阅读教学研究异常活跃，有关阅读教学课堂结构的成果层出不穷。以下探讨一些较有特色的阅读教学模式。

第一，"揣摩、引导、讨论、点拨"课堂结构。从适应培养自学能力的需要出发，在实践中探索出的一套阅读教学课堂基本结构。"揣摩""讨论"是指学生的学习实践，"引导""点拨"是教师在其中起的主导作用。

第二，"整体回环阅读教学法。"根据人们认识事物"往往是先从整体着手，然后分为若干个部分深化，最后再回到整体"的规律，该模式设计了阅读教学的五个基本步骤：提出课题，明确任务；通读全文，抓住中心；依据中心，理清思路；围绕重点，分段精读；由段至篇，回环整议。

第三，语文单元达标教学课堂教学结构。这是一种借鉴布卢姆掌握学习理论而设计的语文课堂教学结构。一篇课文的教学一般分为感知了解、分析理解、概括深化三个学习阶段。其课时教学模式一般分为四个环节：激发兴趣，明确目标；指导自学，实现目标；综合训练，深化目标；反馈矫正，实现目标。这种教学结构的突出特点是以教学目标为依据，以指导学生自学为途径，以反馈矫正为保证，以使绝大多数学生达到教学目标为目的。

第四，情境教学模式。情境教学是语文教学中影响最大的一个教学流派，前面已介绍过。情境教学的步骤一般为：初读——创设情境抓全篇，理清文章思路；细读——突显情境抓重点，理解关键词、句、段；精读——课文凭借情境品语感，欣赏课文精华。

第五，六步教学。定向—自学—讨论—答疑—自测—自结，这是特级教师魏书生提出的六步阅读教学程式。这种教学方法按"定向（提出课文的学习重点）—自学—讨论（提出自学中的问题和师生讨论）—解答（查找工具书、参考书，或由同学、教师解答）—自测（练习）—自结"来组织阅读过程。"六步教学"的特点在于把教师的指导和学生的自学紧密结合起来，让学生能独立解决阅读任务的一部分或大部分。

第六，"明确目标，强化训练"阅读教学课堂结构。该课堂结构包括五个环节：整体感知、重点突破、全面欣赏、巩固语言、综合考查。该结构是针对当时阅读教学存在的两个问题而设计的：重视对课文的分析理解，而忽视语言的积累和运用；对课文分析面面俱到，目标不明确、不集中，抓不住重点。其特点是重视目标的作用、重点突出、训练扎实。

第七，"五环节七步骤"课堂教学的结构。这是以系统论为理论依据而设计的一种课堂结构。其教学过程包括五个环节：基础训练；出示目标；指导学习，反馈矫正；巩固提高；总结完成度。其中第三个环节包括：交替进行的"指导学习""反馈矫正"和"调控训练"三步，其余环节各为一步，因此共七步。每个步骤都规定了调控时间。这一结构具有两个明显特点：①课堂设计有明确的目标和过程；②课堂教学重调控、重强化。

第八，"问题研讨式课堂教学结构"。这是在目标教学理论、合作教学、和谐教学方法影响下设计的一种阅读教学课堂结构。在提前分好组的情况下，该结构有五个环节：激情导入、出示学习问题、小组学习讨论、班级交流学习情况、质疑交流。

第九，"读读、说说、议议、写写"。读读——指导学生朗读课文；说说——引导学生感知课文内容；议议——启发学生围绕中心句，层层展开，理解课文内容；写写——指导学生展开想象，练习写话。这一课堂教学结构，力求让学生多读、多说、多议、多写，把读、思、说、写有机结合起来，从而培养阅读能力，促进语文能力的全面提高。

第十，"导读—扶读—自读"教学模式。这种结构适用于教学几个部分结构、写法基本相同的课文（如教学《美丽的小兴安岭》《美丽的公鸡》）。"导读"，即在教师指导下阅读；"扶读"，即让学生尝试利用上述方法阅读；"自读"，即运用学法自学课文，在自己读书、思考的基础上讨论、交流。这种教学结构有助于学生理解学习过程、积累学习方法。

（二）语文阅读课程的"六环节"模式

阅读教学的课堂结构是多种多样的。不同的课堂结构具有不同的特点或优势，当然各种结构往往也有一定的适用范围或自身的局限性。掌握各种课堂结构的特点，适应各种情况的教学，当然是必要的，但掌握适用范围最广的、最一般的阅读教学课堂结构更是十分必要的，这里所说的适用范围最广的、最一般的阅读教学课堂结构，也就是阅读教学课堂结构的一般模式。当然，这里的"适用范围最广的、最一般的"也只是相对的，不同的教学论教材（或不同的人）所归纳的一般模式也是不尽相同的。参考各种相关模式与理论，对语文阅读教学的课堂结构，可以设计出含有"导入激趣、整体感知、理解感悟、练习积累、反思总结、延伸作业"六环节的一般模式。

1.六环节一般模式的环节

（1）导入激趣。导入激趣这一环节的主要意图或目标是：创设情境，集中注意，导出课题，激发兴趣。可分两步进行：①导入课题。通过一定方法，自然导入课题。②解读课题。引导学生解析课题，激发学生的阅读兴趣与阅读期待。

（2）整体感知。整体感知这一环节的主要意图或目标是：初读课文，自主识字，了解内容，培养自学能力。可分两步进行：①提出要求自学。中高年级这一步也可放在课前，即安排课前预习。②检查自学或预习效果。检查学生对字词、课文内容等预习或自学情况，鼓励学生质疑问难、合作学习。低年级重点落实识字。

（3）理解感悟。理解感悟这一环节的主要意图或目标是：熟读课文，理解内容

（字词句段篇的意思、含义），体会感情，理解（领悟）写法。这一环节的整体思路遵循两条基本规律："语言形式—思想内容—语言表达""整体—部分整体"。可分四步进行：

第一，梳理结构。引导学生寻找关键信息，梳理课文脉络，从宏观上把握课文结构，建立整体观念。这一步体现的是阅读教学过程基本规律中的第一个"整体"。低年级或简短的课文此步可省去。

第二，分步解读。按照一定的思路，引导学生一步步或一部分一部分起解读课文：抓住重点语言文字，引导学生理解、体会其意思、含义、情感、作用等。这一步体现的是阅读教学过程基本规律中的"部分"。

第三，感悟拓展。在分步解读的基础上，引导学生回顾整体内容，联系实际或有关资料，谈到认识与感受，明白道理、升华情感，落实人文目标。这一步体现的是阅读教学过程基本规律的第二个"整体"。从"理清结构"到"感悟拓展"，经历的是阅读教学过程基本规律中，从"语言文字到思想内容"的过程。

第四，领悟写法。理解课文内容以后，特别是高年级的教学，应该引导学生发现与归纳课文在表达方面的特点或优点。这一步体现的是阅读教学过程基本规律中从"思想内容"再到"语言表达"的过程，也是促进读写结合的关键一步。低年级此步可省去。

（4）练习积累。练习积累这一环节的主要意图或目标是：巩固知识，积累语言，训练技能。低年级要注重写字训练；中高年级要重视拓展阅读与仿写等表达训练。

（5）反思总结。反思总结这一环节的主要意图或目标是：查漏补缺，总结升华。

（6）延伸作业。延伸作业这一环节的主要意图或目标是：巩固知识，全面拓展。

六环节一般模式是一篇课文教学的一般模式，即一篇课文的教学一般包含这六个基本环节。当然，如果一篇课文用两课时或三课时进行教学，这六个基本环节就应安排在不同的课时中，且各课时还应补充一些必要的环节，以保证其课堂结构的相对完整性。例如，如果一篇课文用两个课时进行教学，那么就可以将一、二、三环节放在第一课时，四、五、六环节放在第二课时，或者将一、二环节加上指导写字放在第一课时，其余环节放在第二课时；第一课时最后应该加一个课堂小结及布置作业的环节，第二课时的开头则应加一个复习导入的环节。

2.六环节一般模式的特点

六环节一般模式，尽量借鉴各种模式的优点，体现阅读教学的规律与先进理念，其特点主要表现在以下方面：

（1）整体上遵循了学生知识学习基本过程的规律与教学论中一般知识教学过程的观点。"注意—感知—理解—巩固—运用"这是学生学习某一知识的基本过程，这一模式中的六个基本环节正是遵循着这一过程设计的，这与教学论中有关知识教学基本过程的观点也是一致的。

（2）遵循了阅读教学"从语言文字到思想内容，再从思想内容到语言表达"的基本规律。语言文字与思想内容是无法截然分开的，但教学过程的不同环节或阶段对两者的处理是有主从之别的。"从语言文字到思想的内容，再从思想内容到语言表达"正体现了阅读教学过程，不同阶段语言文字与思想内容的主从关系。从"整体感知"环节到"理解感悟"环节中的"感悟拓展"，整体上，体现的正是"从语言文字到思想内容"的过程；而从"感悟拓展"到"领悟写法"，再到"练习积累"中"写"的训练，则体现了"从思想内容到语言表达"的过程。

（3）遵循了阅读教学"从整体到部分，再从部分到整体"的规律。篇章结构的理解与字、词、句的学习互为学习的条件，没有严格的或单一的起点能力。但是，阅读理解过程中，对字词句等"部分"的准确而深刻的理解离不开上下文，离不开文章"整体"的关照；理解部分最终指向的也是对文章整体的把握。"理解感悟"环节中的"理清结构""分步解读""感悟拓展"三步，正体现了"从整体到部分，再从部分到整体"这一规律。

（4）较好地处理了学生学习主体与教师教学主导的关系。本结构重视学生的学习主体地位，每项教学任务的完成都从尝试学习或质疑开始。例如，"整体感知"环节先让学生自学，再检查自学效果；检查自学效果时也是先让学生汇报、评价，然后教师再做评价与引导；"理解感悟"中的"理清结构""分步解读""感悟拓展""领悟写法"等步骤，以及这些步骤中的每一小步，也都尽量要从学生质疑、尝试释疑与自学开始。当然，在教学过程中，也注意了教师的适时引导点拨。

（5）较好地体现了语文学科特点与教学规律。本结构较好地体现了语文学科工具性与人文性的关系，注重语言文字的扎实训练，注意了对文章人文内涵的感受与理解。特别是"理解感悟"环节中"感悟拓展"步骤的设置，以及"练习积累"环节中练习项目的提示，有利于工具性与人文性的全面落实。

传统的教学模式以教师讲授为主，强调教师的主导作用，学生被动地接受知识，忽视了学生主观能动性和能力的培养。现代教学将教和学结合起来，是师生交往、互动、共同学习的过程。中小学语文阅读教学要探索从技能训练转向策略教学，从阅读是掌握一系列技能的观点看，学习阅读就是学习一套分层级顺序的分技能，进而形成阅读能力，一旦掌握这些技能，学生就能熟练阅读课文。技能训练是学生被动接受文章信息，课文意思在于课文本身，学习的目的是再造这个意思。在阅读教学的技能训练观指导下，学生的阅读能力并没有质的飞跃。阅读是积极的过程，阅读能力的发展，是学生形成阅读策略来理解课文的过程。学生学习不好是因为不能根据学习任务选择恰当的策略和灵活运用策略，教学的目标是教给学生有效的阅读策略和怎样恰当地运用策略。技能训练与阅读策略教学在目的、复杂程度、灵活性以及读者观等方面存在明显区别，阅读策略教学观已为更多的教育工作者所接受，有逐渐取代阅读技能训练的趋势。

六、语文不同阅读课型的教学

课堂教学的课型指课的类型或模型，是课堂教学最具有操作性的教学结构和程序。中小学语文阅读教学大致可划分为语文精读课教学、语文略读课教学和课外阅读指导课教学三种类型。

（一）精读课教学

"精读课是一种阅读课型教学模式，它的特征和任务是以学生的素质发展为本，以深读为基础，其教学过程应是在教师的指导下，学生自主阅读和感悟的过程。"[①]精读课教学的具体内容如下：

第一，精读课的基本特征。精读课是以深读为基础，以全面训练学生的语文素养为特征的综合性阅读课型。教学任务包括阅读理解、情感陶冶、知识习得、语言积累和语言运用等方面，以培养学生语文能力为核心。

第二，精读课的教学模式。初读课文，整体感知。上课伊始，可根据教学需要和学生的年龄特征，创设一定的教学情境，以激起学生学习课文的动机和兴趣；接着指导学生默读和浏览课文，要求学生读准生字、读顺课文，思考后讨论类似"这篇课文主要说了哪几件事情"这样的带有整体把握的问题，这样安排的目的是使学生从整体上形成对课文的感性认识，并能初步提出一些自己尚未掌握的问题。

（二）略读课教学

"略读课在中小学语文课程中地位日渐突出，然而略读课教学中普遍存在精读化现象。"[②]略读课必须有自己的特质，要简单、精练、省时、高效。同时能够突出中心问题，疏密有致，且彰显课文重点，从而真正体现略读课的特质，取得良好的教学效果。

第一，略读课的基本特征。略读课的主要特点在于培养学生的略读能力，其主要任务是让学生了解课文的主要内容，体会课文的主要思想感情或深层含义，并学习略读方法。

第二，略读课教学模式。①略读课文，了解主要内容。学习方法：先提出一个问题（这篇课文主要说了几件事），然后让学生带着这个问题阅读课文，在个人思考的基础上分组或全班讨论。②再读课文，体会主要思想感情或深层含义。学习方法：先就课文表达的主要思想感情或深层含义提出一个问题，然后让学生带着这个问题再读课文，之后在组

---

① 朱宪忠. 浅谈小学精读课文的教学 [J]. 散文百家，2020（23）：67.

② 王文永，董纪敏. 小学语文略读课教学的有效策略 [J]. 教育与教学研究，2011，25（7）：4.

内或班内进行讨论。

（三）课外阅读指导教学

第一，课外阅读指导课的基本特征。课外阅读指导课是为推动课外阅读，提高学生阅读能力，增强学生语言综合素养而确立的一种新课型。这是一种"学会阅读"的实践课，一般每两周安排一节，其基本任务是：激发学生的阅读兴趣，调动学生参与课外阅读的积极性；引导学生选择课外读物，制订课外阅读计划；指导学生总结交流读书心得，逐步增强阅读能力。语文教学实践证明，"多读"是增强学生阅读能力的重要途径。课程标准规定，九年课外阅读总量应在400万字以上。

第二，课外阅读指导课的教学模式。根据课外阅读指导课应承担的教学任务，可将这种课型分为两大类：①阅读兴趣培养课。阅读兴趣培养课的教学步骤：首先，以读激情，即通过多种形式的读来激发学生课外阅读的兴趣；其次，情中探理，即在学生体验作品思想感情的过程中，教师或学生提出可供深思的问题，引导学生热烈讨论，从而激起学生爱读、乐读的感情。②阅读能力训练课。阅读能力训练课的教学步骤：第一步：课前准备，就是师生共同选几本读物或几篇文章，学生每人选读一本（篇），同时教师提出阅读能力训练的要求，学生自主地读书和思考，做好发言的准备（包括质疑问难）。第二步：交流心得，可先分小组交流（按读物分组），然后全班交流，各组推选代表发言（举行读书报告会）。第三步：总结评价，尽量让学生都参与评价，以教师点评为主。

七、语文不同文章主题的阅读教学

（一）情感类主题文章的阅读教学

一部分记叙文、诗歌、抒情散文属于情感类主题类型，教这类课文，教师就要像一位导演，利用各种手段，创设情境，渲染气氛，使学生在不知不觉中入情入境，进入"角色"。在这种强烈的感情氛围的作用下，教学自然水到渠成。对于诗歌与散文而言，主要要求是引导学生从课文的字里行间理解作者的情感。诗歌和散文的生命就是情感。在教学中，可以引导学生通过关键词句的品读体验情感，可以通过重点段落的诵读体验情感，也可以通过相同段落结构的比较体验情感。引导学生反复朗读、反复体验，是诗歌和散文课堂教学的基本策略。

（二）哲理类主题文章的阅读教学

寓言、童话、小说、神话故事等属于哲理类主题课文，教学这类课文，关键要讲清"事"，使学生通过"事"悟出其中的"理"，然后再伸延、扩展，明白这个道理在现实生活中的普遍意义和指导作用。教师在教学这类文章的时候，可以采用如下教学模式：谈话引入，理解题目—初读课文，整体感知—重点感悟，揭示寓意—畅所欲言，各抒己见。

对于寓言、童话类课文，要结合字词学习，加强朗读、复述等语言实践活动，组织学生讨论交流对感兴趣的任务和事件的认识和想法。该类课文总体上要注重引导学生想象，进行多样化的训练。例如，在低年级可以运用图文对读、突出识字与写字；在中年级引导学生欣赏人物形象、精读并仔细品味语言，训练学生复述故事；在高年级则指导学生概括主要内容，学习揭示课文主题并引导学生分析象征意义。

对于小说与神话而言，课堂教学中要引导学生整体感知主要内容，厘清故事的来龙去脉、前因后果，体会情节对人物性格塑造及对课文主题揭示的作用。引导学生仔细品味课文描写人物文字，把握人物的性格、思想和情感，体会小说的主题，感悟神话的神奇。小说、神话教学还要注重引导学生分析环境描写，分析人物生活的环境，从中了解环境与人物、主题的密切关系，学习作者描写环境的方法与技巧。

（三）形象类主题文章的阅读教学

在形象类主题教学中，通常会以"他是一个怎样的人"为主导问题，引导学生抓住人物的动作、语言、神态描写来品味其心理活动，从而层层深入体会人物的内心世界和性格特点。当学生已经被课文的主人公及发生在主人公身上的故事情节深深地吸引时，顺势引导学生去发现，作者是如何把文章写得这样生动、深刻的，从而对写作方法、技巧进行相应的梳理和总结，使学生更容易依从自己对文本的体验，自主地进行"学"的活动。教师还可以设计仿写的环节，引导学生运用这一课所涉及的写作方法或是技巧来进行仿写，给学生的"写"搭建平台。

（四）观察类主题文章的阅读教学

部分散文（特别是写景状物类）属于观察类主题类型，教学这类课文，关键在于使学生学会定点、换点、比较、反复等多种观察方法，运用从上到下、从下到上、从左到右、从右到左、从外到内、从内到外、从整体到局部、从局部到整体等多种观察顺序观察事物，并能对观察到的材料进行分析、比较、综合等处理，协调材料与中心的关系。教师在教学这类文章的时候，可以采用如下教学模式：直观导入，激发兴趣—整体感知，抓住特点—默读批注，深入体会—全班交流，品读评析—回归整体，梳理写法—读写结合，拓展练笔。

此外，对于古诗文中的古诗教学要注意：首先，理解古诗，重在抓住学生感到生疏、古今词意不同的关键词语，帮助学生理解；其次，运用情境教学，让学生感受意境美，引学生"入境"；最后，引导学生产生共鸣与移情，关注古诗教学重想象、重朗诵的要求，指导学生通过吟诵与想象，深入体会古诗的意蕴。对于文言文而言，先要指导学生读通全文，让学生结合注释，理解每句话的意思，进而整体把握课文内容。引导学生品味语言，展开想象，同时还应要求学生熟读成诵。

第四节　语文写话与习作课程教学

一、语文写话与习作课程教学的认知

中小学语文写话与习作教学，就是平时教师所说的作文教学。细致比较起来，写话与习作教学的范围则宽泛一些，既包括中小学低年级的说话和写话，也包括中高年级的习作教学。

（一）语文写话教学的认知

中小学语文写话教学作为中小学语文作文教学的第一阶段。中小学语文写话教学的目的是：要让学生对写话有兴趣，留心周围事物，写自己想说的话，写想象中的事物；在写话中乐于运用阅读和生活中学到的词语；根据表达的需要，学习使用逗号、句号、问号、感叹号等。

对于中小学生而言，"话"天天要说，但一落实到写，好多学生都会感到"无话可说"。其实这个年龄阶段的学生，他们有着无限丰富的精神世界，是天生的想象家。他们有着其他任何年龄所不可能具备的学生语言财富，只是他们还不知道该如何进行书面表达。因此，在第一学段，教师主要的任务在于引导学生学习语文的过程之中，先需要学习别人是怎样把自己想说的话"话"写出来。要让学生知道，每个人心里在不同的时候，面对不同的人，都有自己想说的话。而写话，就是要把自己心里想说的话写出来，有话则长，话少则短，无话也可以不说，不必为了完成任务说成人的话，或者是强求自己写自己不想说的话。

激发学生的写话兴趣是中小学语文写话教学的重要任务，结合中小学低年级学生的心理发展特点，进行培养能达到事半功倍的效果。中小学生的写话兴趣可以分为直接兴趣与间接兴趣两种，直接兴趣是由写话活动本身引起的，例如，可以写自己想写的话，可以进行自由而大胆的想象等；间接兴趣是指学生对学习这种行为，因为外部因素而产生兴趣，如得到教师的赞赏，父母的奖励，同学的羡慕等。这两种形式的兴趣产生的力量都不可小觑。

中小学低年级的学生认知能力发展有限，比起学习内容对学习活动的外部形式表现出更高的兴趣。中小学阶段的学生总体上对具体的事实和实际活动感兴趣，对事物之间的关系和抽象知识的兴趣要到中小学中年级才开始起步。因此，丰富多彩的写话教学形式、教学内容，特别是那些符合学生现有经验、能引起他们兴趣的形式和内容，更容易让学生有新鲜感，并且，因此喜欢上写话课、喜欢写话活动。

写话概念提出的目的就在于降低写作的难度，让学生容易学习的同时也有意地培养学生对写作的感情，提高学生的写作自信与兴趣。对于一年级的学生而言，只用把一句话写得完整、通顺就算成功。对于二年级的学生而言，只要能写出通顺、连贯的几句话就达到了标准。除此之外，让学生在写话上取得成功和成就感也是激发学生写话兴趣的重要途径。教师要尽可能多地给予学生正面评价，鼓励他们进行写话。例如，在课堂上朗读写得好的、有进步的学生的写话作品；鼓励学生回家把自己写的话念给自己的父母听；利用班级网络平台展示学生的写话作品；对学生细微的进步，如用了一个好词，标点符号使用到位等也及时给予表扬；让学生上台朗读自己觉得自己写得好的话之类。进行丰富多彩的写话活动的同时也营造了一个良好的写话环境，保护和培养了学生写话的信心，让学生从此爱上写话。

（二）语文习作教学的认知

认识习作教学，先让教师共同理解"习作"这个词语。"习作"一词，由"习"字和"作"字共同组成，"习作"教师可以理解为在反复练习中学习创作。而"习作教学"，教师在教学活动中通过多种形式的语文训练，帮助学生在反复接触与练习中形成创作技能的一项重要的教学任务。"习作"，强调了一个"习"字。"习"是一个反反复复的过程，不是一蹴而就的，而是一个相当漫长的过程。在中小学语文教学活动中，一定要遵循学生的生活实践，将语文训练与习作教学结合起来，本着循序渐进的原则，扎扎实实、一步一个脚印地进行，进而形成学生扎实的习作基础，帮助学生形成一些良好的习作能力。

习作教学要兴趣领先，乐于表达。教师在设定习作初始阶段的目标时，把重点放在了培养学生的习作兴趣和增强习作自信心上，目的是首先要让学生愿意习作、热爱习作，变"要我写"为"我要写"。应着力鼓励学生把心中所想、口中要说的话用文字写下来，消除习作的神秘感和畏难情绪，学生即使没有"作文"的意识也不要紧，要紧的是让学生乐于写、敢于写。

习作教学要突出个性，鼓励创新。习作是运用书面语言进行表达和交流的重要方式，是认识世界、认识自我、进行创造性表述的过程。要鼓励学生有个性地自由表达，减少对习作的种种限制，在习作中培养学生的创新精神。要能不拘形式地写下见闻、感受和想象，注意表现自己觉得新奇有趣的或印象最深、最受感动的内容。习作教学强调有个性、有创意的表达，并不等于胡思乱想，其前提条件是生活本身的多样性、知识经验积累的丰富性，以及观察的多角度。要养成留心观察周围事物的习惯，有意识地丰富自己的见闻，要多角度地观察生活，发现生活的丰富多彩，捕捉事物的特征，力求有创意的达。

习作教学要贴近生活，引导实践。语文教师要引领学生在贴近生活中积累丰富多彩的习作素材，在多样化的习作实践中"学会习作"。习作教学应贴近学生实际，让学生易于动笔、乐于表达，应引导学生关注现实、热爱生活、表达真情实感；要用积极的评价引导和促使学生通过观察、调查、讨论、阅读、思考等途径，运用各种方法收集生活中的材料。只有把学生的目光引向自然生活、学校生活、家庭生活、社会生活，指导学生做积累素材的有心人，做到平时积蓄充实，习作时就不会感到难。虽然要积蓄的东西是多方面的，有生活、知识、语言、思想认识的积蓄，但最主要的是生活的积蓄。学生要写出诚实的、自己的话。

习作教学要夯实基础，读写沟通。写作教学要让学生易于动笔、乐于表达、有创意地表达。学生尝试在习作中运用自己平时积累的语言材料，特别是有新鲜感的词句，能根据习作内容表达的需要，分段表达，能运用联想和想象，丰富表达的内容，能根据文章的内在联系和自己的合理想象，进行扩写、续写。夯实基础主要是指语言能力（指字、词、句、段、篇的基本功，它是语文素养的基础，也是习作创新能力的基础）和思维能力，它是习作教学的重点，而且要做到同步发展。

习作教学要合作分享，共同提高。语文教师要将合作分享的思想引进到了习作教学理念之中。让学生愿意将自己的习作读给别人听，与他人分享习作的快乐，愿意修改自己的习作，并主动与他人交换修改。要重视引导学生在自我修改和相互修改的过程中提高写作能力。要引导通过学生的自改和互改，取长补短，促进相互了解和合作，共同提高写作水平。合作分享既是习作的一种方式，又是习作的一种动力；学生在合作中分享、在分享中合作，可以创造出习作教学的理想境界。

二、语文写话与习作课程教学的策略

（一）语文写话教学策略

在写话教学的实践过程中，恰当运用写话教学策略是提高中小学语文写话教学效率的关键要素之一。中小学语文的写话教学策略，主要包括以下内容：

1.讲解分析范例

学习书面语言的表达规范，流畅地用书面语言表达自己的思想感情的能力培养，不仅需要通过阅读学习充分接触、理解大量优秀的书面语言材料，还需要通过教师的分析、讲解来学习和模仿范例，学会运用新的句型和词语造句，表达自己的思想感情。教师讲解用的范例可以是教科书上的例子，可以是学生自己造出来的好句，也可以由教师自己举例。在对范例进行选择的时候教师应该注意到中小学低年级的学生注意力有限，记忆力也比较薄弱，所选范例应该是简单易懂且是书面语言表达中最常用、最基本的词语和句型。随着学生年龄的逐渐增长，教师可以选择更加复杂的范例，从一个简单句到几个复合句型的组合。同时，讲解的过程也应该是学生与教师进行对话的过程，教师应该少用讲解的方式向学生分析范例，因为低年级的学生的理解力与注意力较弱，难以理会教师的语言。教师可以与学生一起体会范例，然后，再有步骤地让学生模仿范例，进行口头或书面表达，这样学生就能很快根据范例举一反三，获得书面表达的技能。

2.读、说、写一体化

语文教师可以采用阅读、口语交际训练与写话训练结合的方式巩固阅读教学效果，增加学生写话训练量，达到对学生言语训练的效果。读、说、写一体化的常见形式有三种：第一，教材中的选文就是学生学习书面语言表达的最好例子，在通过阅读学习，充分地理解阅读材料的意思之后，教师可以选择适合学生学习的重点词句让学生模仿；第二，对于简单、有趣的学生诗、童话等课文，教师也可以根据学生的实际情况，让学生学着仿写、续写课文；第三，教师也可以选择课文中有意思的地方让学生进行讨论、交流，做一次口语班交际活动，然后再把口语交际的成果写下来。当然，教师要根据阅读材料和学生的实际情况来设计口语交际活动与写话训练。

3.引导思维和探究

在写话教学实施过程中，教师可以充分地利用提问来引导学生的思维与情感，激发学生的学习兴趣，引起学生主动思考。

（1）教师的问题有目的地引导学生对事物进行观察和思考，在回答教师问题的过程中逐渐地完成思维训练的过程。教师的问题也可以指向学生的内心世界，帮助学生探索、明辨自己的情感，逐渐地能用语言准确地表达。面对中小学第一学段的学生，教师的问题必须简单明了、指向性明确。

（2）教师的提问结构中，应包含更多的事实性问题，学生可以通过正确的观察和思考得到答案。教师不仅要自己提问，还要适当地引导学生主动地提出问题，养成主动探究的学习习惯。对于学生的回答，教师应该马上给予恰当的反馈，为了保护学生的学习热情，教师的反馈应该尽量以鼓励和肯定为主。在学生通过回答问题完成了观察和思考之后，教师应该及时对这一思考过程做出恰当的总结，以便学生养成科学的思维习惯。例如，教师在课上为学生展示了一张照片，照片上有一树含苞待放的海棠花。教师让学生仔细观察照片，特别注意观察颜色、形状和数量。

（二）语文习作教学策略

中小学语文教师不仅要正确解读、全面把握习作教学理念，还要努力将这些理念变成习作教学行为。这就需要探索创新习作教学的基本策略，以增强教学的针对性、指导的实效性。基本指导策略，是指反映习作教学规律、具有普遍指导意义的策略及方式方法。探索创新习作教学基本指导策略的主要目标是解决学生"乐于写"（兴趣）、"有的写"（积累）、"写得来"（方法）等问题。

1. "乐于写"

（1）创设情境法。在习作指导中，教师精心创设的情境，不仅能使学生感到有话可写，在轻松愉悦的氛围中找到需要表达的内容，而且能激发起学生浓厚的习作兴趣、调动起学生强烈的习作渴望。

（2）语言诱导法。不少教师习惯于给学生讲习作之于人的一生发展的重要性，想以此来激发习作渴望、调动习作兴趣，但效果往往并不理想。这是因为，"内在需要"是产生习作动机、调动习作兴趣的真正根源，而对多数涉世未深、尚未能对生活"深谋远虑"的中小学生而言，"未来"是十分遥远的。因此，习作重要性的教育难以给他们以心理、情感或精神需求上的满足，这样所产生的动力是很有限的。要想激发学生的习作动机，调动他们的习作兴趣，就得想方设法满足学生的心理需要和情感需要，让他们体验到习作的快乐。教师入情入境的语言诱导就是一种极有效的方法，往往能沟通学生的心灵，激发他们的习作渴望，活跃习作的形成。

（3）自主拟题法。习作是"缘情""言志"之物，真实的习作应该是"我手写我口"，为习作而习作、为考试而习作。由于在传统习作指导中往往是教师设定命题，然后学生去写。而命题只有一个，学生却有几十个，有的学生对此命题有感触，有东西可写；有的学生则可能对此命题不感兴趣，讨厌去写。如果学生对习作不能产生需要、缺乏兴趣，就很难写好作文。使学生对命题产生真情实感、对习作产发生浓厚兴趣的一个很有效的办法，就是把习作的主动权交给学生，让学生通过自主命题，写自己有真情实感、饶有兴趣的内容。让学生"自主拟题习作"，并不是教师可以不加引导。

一般而言，学生"自主拟题"能力的形式需要经历一个"由扶到放"的过程，在开始阶段，教师可以组织学生从交流习作素材着手，引导学生从自己积累到的习作素材中拟定习作题目，然后组织学生评比，看谁拟定的习作题目新颖、有趣，让学生从中初步掌握拟题的基本方法，并且在平时的习作指导中坚持引领学生自拟题目，逐步提高学生自主拟题习作的能力。

（4）合作习作法。就是让学生习惯于独立习作，为学生集体或相互交流式的习作，使学生在习作中互相激发思维、激发兴趣，使每个学生的习作增加了更多读者。

（5）品尝成功法。让学生获得奖励、品尝成功是培养和激发学生习作动机的催化剂。使学生在习作中获得成功感受的方法包括：首先是对习作采取评赏性的评改方法，就是教师先要当好学生习作的忠实读者，从批评的取向改为欣赏的取向，使评语、评分能更好地激发学生的习作动机。其次是组织广泛的作品交流活动。世界上几乎没有不为传播而写的文章，学生把习作读给同学、教师听或拿给伙伴、家长看。另外，还可以张贴在"习作园地"里展览，甚至可以出版作文集，这些都是传播方式。因此，教师要尽力创造条件让学生的习作得以广泛的传播交流，这十分有利于让学生品尝成功的快乐、增强习作的兴趣。

2."有的写"

学生要写出好习作，应该有丰富多彩的素材，教师需要指导学生积累习作素材，帮助他们建立一个属于自己的习作材料库。要引导学生广泛阅读，帮助学生积累语言材料，开拓写作思路。可以为学生的阅读提供丰富的源泉，倡导在学生中推行绿色海量阅读，依据绿色海量阅读的群体行为特点，带动整个班级阅读。教师及时、随机检测阅读成效，通过设置特定的教学环节，例如，课前三分钟等方式，将课外的阅读与课堂教学，包括阅读教学和写作教学无缝结合起来，充分发挥阅读积累这一写作基础的功能，帮助学生拓宽视野，积累写作材料。教师可以运用以下方法指导学生：

（1）观察积累法。生活中有写不尽的人、事、物、景，然而一些学生习作时却往往空洞无物。这是因为教师引导不到位、学生观察不得法。教师要从激发学生"对周围事物有好奇心"出发，着力于引导学生观察积累，使万事万物汇入学生笔尖。

（2）活动积累法。中小学阶段，学生最热衷的莫过于做游戏、动手实验、参与各种实践活动，拥有自己的兴趣与爱好。也正是这些点点滴滴组成了多姿多彩的童年。教师有目的、有组织地引导学生开展，或是参与各种活动，提供亲自感受现实生活的机会，不仅有利于学生积累真实、生动、典型的习作素材，而且还有利于他们在体验情感、提升认识的过程中深化习作主题，写出富有生活气息和鲜明个性特征的习作来。学生在参与这些活动中，感受了事情的经过、了解了基本的事实、学到了鲜活的语言，就会有东西可写、有感而发。

（3）阅读积累法。阅读能为学生打开通向世界、连通古今、通向内心的门户，能为习作找到数不清的"切入点"并树立许多"习作的范例"。因此，在引导学生通过观察、活动等途径积累直接性习作素材的同时，还要引导学生通过阅读积累间接性习作素材。

3."写得来"

学生习作，有了直接素材或间接素材还只是第一步；要达到"写得来"特别是"写得好"的要求，还必须具备基本的习作能力，掌握常用的方法技巧，如怎样选材、谋篇布局、语言表达，等等。中小学语文习作教学应该吸取借鉴习作教学的成功经验，应着力于引导学生进行丰富多彩的习作实践，让他们在实践中悟得习作的方法技巧、形成习作的基本能力。引导学生进行习作实践的主要策略方法如下：

（1）突出重点法。文章是一个由诸多因素构成的综合体，习作需要多方面的修养历练和持之以恒的实践锻炼。因此，培养学生的习作能力必须从整体着眼、局部着手，做到每个学段、每个学年、每个学期、每一次习作教学都有所侧重，逐步提高学生习作能力。

（2）系列练笔法。系列练笔法就是根据习作教学的目标，结合班上学生实际，开辟多个系列的习作训练途径，引领学生多练笔，在实践中，增强习作能力、领悟习作方法。

（3）仿中学写法。模仿是学生的一种心理特性，也是他们习作起步的重要台阶。因此教师要充分利用"读写结合、相似迁移"这条快捷途径，通过向学生提供好的范文引导模仿，让他们在模仿活动中逐渐消化吸收，成为其习作构思时受到启发的"原型"。模仿的对象除了教材中的范文外，还要有目的地从课外读物中选择好的范文让学生"临摹"，甚至可以把教师的"下水"文，或是班上学生的优秀习作当"范文"，因为"身边的榜样"学生更感亲切、乐于学习。

（4）情境自悟法。语文习作教学需要变"授之以鱼"为"授之以渔"，引导学生在具体生动的情境中，自主感悟习作方法，并且依照自主感悟而来的方法自我撰文、自扬情愫、自抒心声。

（5）命题促写法。习作命题就是一个刺激物，如果太难，很多学生不能调集心中积累的信息来解题；或者太容易，很多学生不用动脑筋就轻而易举完成了，都不符合"发展性教学"原则，当然也不利于学生习作能力的发展和习作方法技能的获得。根据信息（学生已有积累）与习作命题平衡的规律，成功的习作命题既要尽量满足学生的信息积累，也要有一定的难度，进而促使学生创造条件解题，这样才能进入学生的心理需求、激发学生的习作动机、促进其习作能力的发展。

此外，中小学语文教师还需要抓"小练笔"积累，减缓写作训练的坡度。围绕某一个重点或中心，进行范围小、篇幅短的写作训练就是"小练笔"。"小练笔"是减缓写作训练坡度的阶梯。指导学生小练笔，可先要求学生写摘录式练笔，摘录美文美段、名言警句等，接着进行记叙式练笔，再逐步拓展篇幅，并引申拓展到其他文体的小练笔。教师可以拓宽训练的空间，适当增加习作训练量，教师要开展形式多样的活动，充分挖掘课文中的习作资源，拓宽写作教学和训练的渠道。教师还可以强化创新思维训练，培养学生的创新能力。写作教学中教师要突破思维定式，通过同一题目多角度选材、同一中心多种选材、同一材料多种立意以及同一材料多种体裁等方式训练学生思维的发散性。引导学生进行相关联想，训练学生思维的变通性；充分展示个性，训练学生思维的独特性。

中小学语文教师要努力构建新的写作教学模式，提高习作教学的效率。教师要努力构建一个开放的、充满生命活力的写作教学新模式，这种模式基本结构是营造氛围，诱发创新热情—放胆表达，拓展创新思维的空间—交流合作，激活创新思维的火花—评优激励，激发新的创新动机。当然，教师完全可以根据自己的教学能力和实践经验对新模式进行个性化的调整与完善。写作教学模式没有最好，只有更好，只要是有利于提高学生写作水平、有利于培养学生创新思维和能力的写作教学模式，都是好模式。

第四章　中小学语文课程教学的方法

第一节　语文课程教学的合作学习方法

"合作学习法是30年来欧美国家在以学生为中心的本科教学改革（SC改革）中广泛采用的一类重要教学方法，其可有效增强学生学习效果，促进学生社会化发展。"[1]合作学习作为一种有独特优势的学习方式正在语文教学中推广。合作学习有着其他学习方式所不及的长处，但实施过程对语文教师教学的要求更高。尤其是合作学习实施中的课堂教学管理，比以往的课堂管理难度更大，而组织管理是否有效直接关系到合作学习的效果。合作学习是以合作学习小组为基本形式，系统利用教学中动态因素之间的互动，促进学生的学习，以总体成绩为评价标准，共同实现教学目标的教学活动。

一、语文教学中合作学习遵循的原则

合作学习的课堂管理应运用恰当的教育教学手段，调动学生的主观能动性，优化课堂教学结构，提高课堂教学效益，全面提高学生的综合素质。具体而言，应遵循以下原则：

（一）主体性原则

主体性原则是指在合作学习中充分调动学生的主体性、自主性、能动性和创造性，使他们积极主动地参与小组讨论和学习，获得全方位的发展。在合作学习的课堂教学管理活动中，学生不仅仅是管理的对象，也是管理的主体。学生通过能动地参与语文教学管理，自主地组织教学活动，创造性地解决教学问题，负责任地选择课堂行为来体现管理中的主体性。主体性原则包括两个方面的内容：一方面，课堂管理者需要充分尊重学生的主体性，充分尊重学生在课堂中的地位，把学生看作课堂活动的主体，当作具有独立个性的人来看待，树立正确的学生观；另一方面，教师在管理过程中要创造一些有利的条件，帮助并引导学生形成主体性人格，即学生愿意自主地选择正当行为，而非某种外在权威和传统风俗的强制。也就是从"自发"到"自觉"地建立和维护课堂秩序，主动地参与课堂教学管理。由于学生主体性得到了体现，自然会产生求知渴望，会把学习科学文化的知识当作

---

① 高筱卉，赵炬明.合作学习法的概念、原理、方法与建议[J].中国大学教学，2022（5）：87.

乐趣，最终进入学会、会学的境界，在掌握科学文化知识的同时，提高合作意识与合作技能，使小组合作学习进入良性循环阶段。

（二）成功机会均等原则

成功机会均等是指学生通过提高自己的成绩来对他们的小组做出贡献。这种学习是标准参照性的，即与自己的过去的表现和成绩相比较，而不是常模参照性的，这就保证了学习上优、中、差的学生都能尽其所能，而且所有组员的贡献都会受到重视，从而达到使所有学生共同进步的目的。当代教育的核心理念是"关注每一个学生的发展"，每个学生在学习中，都应该有平等的发展权利。合作学习方法倡导的异质小组，它承认学生之间存在的各种各样的差异，这样就有利于学习困难学生的进步。因而，教师一定要在小组组建中将学困生和优秀生进行搭配，在小组活动中，利用优秀生带动学困生学习，激发他们学习的兴趣，教会学困生学习的方法。同时，教师要充分利用合作学习中设置的基础分来计算提高分，以提高分作为对学生评价的依据，这样一来，可以激励学习困难的学生获得学习的成就感，并提高他们的学习兴趣。

（三）小组激励评价原则

新的评价理念注重学生在评价中的主体地位，通过评价使学生学会分析自己的成绩与不足，明确努力的方向。还要求注重形成性评价，使学生获得成就感，增强自信心，培养合作精神。而合作学习作为一种以团体成绩为奖励依据的一种教学活动适应了新课程标准的要求。合作学习通常不以个人的成绩作为评价的依据，而是以各个小组在达到目标过程中的总体成绩作为评价与奖励的标准，这种机制可以把个人之间的竞争转化为小组之间的竞争，从而促使小组内部的合作，使学生在自己的小组中各尽所能，得到最大限度的发展。以小组总体成绩为评价依据来决定奖励，由过去对学生个人的奖励发展为面向小组的合作性奖励，这就使更多的学生获得成功的乐趣，提高了合作学习的积极性。

（四）有效指导原则

在合作学习中，把学习的主动权交给学生，提供给学生更多建构属于他们自己意义的时间和空间，更多展示自己思维的机会，以及更多解释和评价自己思维结果的权利，这并不意味着教师指导作用的削弱；反之，教师应根据教学环节的变化而变化，充当有效的组织者、引导者甚至合作者。在整个过程中，教师应是以一种友好的、建设性的态度和行为，既不能过多地干预学生思考的过程和结果，又不能对学生的困难和疑问袖手旁观。在合作学习中，不能只注重学生间互动而忽视了师生的互动。没有教师的正确指导，学生自身又缺乏相应的认识和方法，就达不到合作学习的目的。在教学中，教师应有意识地给予学生必要的引导，注意培养学生良好的合作能力。具体而言，合作前，教师应指导学生开展合作学习前的独立思考；合作时，教师应让学生明确合作学习的任务和目标；合作中，教师应积极推动学生合作学习行为的深入。

（五）师生合作原则

师生合作是指课堂主体在交往过程中所表现出来的相互依赖、相互促进、和谐一致的关系，它以主体间交互作用为中心，以合作共生为特征。通过师生共同参与到课堂教学管理之中，各司其职、相互促进，以形成最大合力。课堂作为一个活跃的功能体，置身其中的每一个人都不能以旁观者的身份游离于管理活动之外。教师作为制度化的管理者，对整个课堂教学的推进、常规事务的安排、课堂秩序的维持，做出统一的计划与决策。而学生作为课堂的主人，对自己、对课堂也有着义不容辞的管理责任。这两种主体的管理活动并非简单独立，互不相关。他们是一种合作关系，能够相互补充和完善。例如，学生参与管理既有利于学生的自我管理、自我促进，也有利于教师管理水平、管理能力的提高和反馈，增强双方的责任意识。教师通过指导学生自我管理，教给学生一些管理的方法，也可以加强学生管理的积极性与有效性。合作性原则意味着师生间彼此承认对方在课堂中的平等地位和权利，主动承担自己在课堂中的责任，遵守共同认可的规范，并通过平等的对话与交往来促进师生的合作。

二、语文教学中合作学习的意义与要素

（一）合作学习的重要意义

在课堂教学中，小组合作学习的重要特征就是对学生间互动，即学生与学生之间交流、合作和相互作用的高度重视。在小组合作学习看来，学生与学生之间的合作关系比其他任何因素对学生的学习成绩、社会化和身心发展的影响都更有力。在课堂教学中，学生间互动对于学生健康成长和发展的积极影响主要表现在以下方面：

第一，学生间互动影响着学生价值观、态度、能力和认识世界方法的社会化。与学生和教师的相互作用相比，学生间互动往往更经常、更亲切、更丰富多变。在学生间互动之中，学生通过实验和练习，逐渐熟悉各种社会角色，逐渐培养他们的沟通、理解和合作的技巧以及价值观、态度、能力和观点，促进了他们社会适应性的发展。

第二，学生间互动有利于学生人格和心理的健康成长。建立和保持与他人相互依赖和相互合作的关系，是一个人心理健康、人格健全的基本表现形式之一。人的心理和人格是在人的活动中，尤其是在人和人之间的相互交往过程中发展起来的。

第三，学生间互动有利于学生学会用他人的眼光来看待问题和社交能力的获得。作为未来的社会成员，学生必须学会用他人的眼光来看待问题，学会与同伴密切交往，热心互助、真诚相待。学生间互动可以使学生达到与他人沟通的目的，消除畏惧与他人交往的心理，从而得到语言、思维以及社交意识和社交能力的培养，促进其社会性的发展。

第四，学生间互动提供了更多的主动参与的机会，有利于学生主动性和创造性的发展。小组合作学习中的学生间互动，把学生由传统课堂教学中知识的接受者转变为课堂教学的积极参与者，每个学生都有平等的机会在各自的小组中讨论并解答问题。同时，由于学生之间原有的认识特点、经验水平的不同，对事物的理解存在着差异，通过合作学习，可以使学生个体的认识和理解更加丰富、全面，使得学生从那些与自己不同的观点和方法中得到启迪，有利于学习的广泛迁移。

（二）合作学习的基本要素

为了更好地在语文教学实践中有效地组织合作学习，就有必要分清哪些是合作学习的基本要素。合作学习的基本要素就是指任何一个合作学习都必须具备的因素，不管合作学习的具体方式、方法如何，离开了这些基本因素，就不是真正的合作学习，这些基本要素是合作学习，区别于其他教学活动的特定品质。合作学习的基本要素包括以下方面：

第一，相互依存性。要顺利地开展合作学习，其中较为重要的因素就是应该使学生之间建立起积极的相互依存关系。即每个学生必须清晰地认识到他与组员之间密不可分的关系：首先，组员成功，自己才能成功，反之则相反；其次，自己的努力是小组成功必不可少的条件，小组的成功离不开每一个人的积极贡献。在合作学习中，小组成员之间有着"我为人人，人人为我""同舟共济"的依存关系，这是合作学习必备的一个基本要素。合作学习中学生的相互依存性具体体现在共同的小组目标、组员角色互补、资料共享以及共同的奖励。

第二，合作的意愿。在合作学习中，需要学生相互鼓励、支持和帮助，有着为了实现共同的目标、取得良好成绩、完成任务等而努力的意愿，以及组内合作、组间良性竞争的态度。具体表现为：相互之间能提供足够和有效的帮助；能诚恳交流所需的信息和材料；相互信任；对彼此观点进行质疑，群策群力。

第三，个体的责任。个体责任的存在是所有成员都能从合作学习中受益的关键。个体责任是指每个学生都必须承担一定的学习任务，并对自己和小组工作的最终结果负责。个体责任通常是通过对每个学生表现的评估来体现的，通过反馈评估情况，增强每个学生的责任心。在合作学习中，当每个小组成员明确认识到个人的存在对小组的意义，认识到个人与集体的关系时，才能真正主动参与讨论，克服消极等待或依赖别人的心理。个体责任是合作学习的另一个实质性的要件。

第四，合作的技能。合作学习与竞争性学习以及个体化学习不同，在合作学习中，学生必须同时进行两种活动：一种是作业活动（学习学科知识），另一种是小组活动（在合作的学习形式下学习）。所以这需要学生掌握一定的社交技能，才能进行高质量的合作，以更好地促进学习。为了协同各种努力以实现共同的目标，学生必须学会：彼此的认可和相互信任，进行准确的交流，彼此接纳和支持，有效地解决组内的矛盾，建设性地解决问题。

第五，积极地自评。合作学习小组必须定期地评价共同活动的情况，保持小组活动的有效性。它的目的在于，帮助小组学会怎样更好地合作，从而提高小组成员的合作学习水平。小组自评主要涉及三个方面的内容：①总结小组成功的经验，对小组活动中表现出来好的方面和经验进行总结和归纳；②对小组活动中存在的问题和原因进行分析；③对以后小组的发展方向和目标提出明确的要求。当然，在自评中，值得讨论的问题远远不止这些，任何跟合作学习有关的问题，都可以也应该在小组自评中进行讨论与交流。通过自评为每个组员提供一个开诚布公地探讨组员之间关系的机会，这有助于小组成员维持彼此良好的人际关系和工作氛围，增强小组成员的积极正向行为和小组凝聚力。在小组自评中，每个组员都可以得到同伴对自己行为的评价和感想，使每一组员对自己的参与情况有一个明确的了解，这种积极反馈对自我意识的增强以及合作技能的成熟都很有帮助。

三、语文教学中合作学习的方式与特征

（一）合作学习的主要方式

1.小组学习法

学生小组学习是约翰斯·霍普金斯大学开发与研究成功的一种合作学习技术。目前，有一些概念对所有的学生小组学习法十分重要，如小组奖励、个体责任等机会。首先，小组奖励指如果小组达到了预定的标准，那么小组就可以得到认可或得到其他形式的小组奖励；其次，个体责任是指小组的成功取决于所有组员个人的学习。另外，有两种是适合于大多数学科和年龄水平的普通合作学习法：学生小组成绩分工和小组游戏竞赛。

（1）学生小组成绩分工。学生被分成四人小组，要求组员在成绩水平、性别和种族方面具有混合性。首先，由教师授课；其次，学生在他们各自的小组中进行学习，使所有的学生都掌握教师教授的内容；最后，所有学生就学习的内容参加个人测验，此时不再允许他们互相帮助。学生的测验得分用来与他们自己过去取得的平均分相比，根据他们达到或超过先前成绩的程度来记分。然后将这些分数相加得到小组分数，达到一定标准的小组可以得到认可或得到其他形式的奖励，这一方式已在相当广泛的学科中得到应用，数学、

语言艺术以至社会学科，最适合于有一个正确答案的界定清楚的目标教学。在这一策略中，起作用的是学业的进步而不是学业的成功。这是一种把合作与学习评价联系起来考虑的教学策略。

（2）小组游戏竞赛法。小组游戏竞赛法是约翰斯·霍普金斯大学所创设的合作学习方法中最早的一种，它运用与学生小组成绩分工法相同的教师讲授和小组活动，不同的是它以每周一次的竞赛替代测验。在竞赛中，学生同来自其他小组的成员进行竞争，以便为他们所在的小组获得分数。成绩优秀的小组获得认可或其他形式的奖励。学生小组学习法主要是通过成绩的评价来鼓励每个学生参与，但由于它比较适合有一个正确答案的界定清楚的目标教学，同时，只采用成绩评价也不太有利于学生的学习。

2.切块拼接法

切块拼接法最初是由阿伦逊及其同事，于1978年设计的。在这一方法中，首先，将学生安排到六人组成的小组中，将一项学习任务分割成几个部分或片段，每个学生负责掌握其中的一个部分；其次，把分在不同小组而学习任务相同的学生集中起来，共同学习和研究所承担的任务直至掌握；最后，再回到自己的小组中，分别将自己所掌握的部分内容教给其他同学，这是将合作与学习任务挂钩的一种教学策略。此方法进行了学习任务的分割，但由于学生只学了其中一部分，对所学内容缺乏整体把握，不利于学生全面掌握知识。

3.小组调查法

小组调查法是由以色列特拉维夫大学的沙伦夫妇创设的。首先，由教师根据各个小组不同的情况提供有关的学习课题，由小组将课题再分解成子课题落实到每个学生身上；其次，小组通过合作收集相关资料，共同讨论，协同准备向全班汇报或呈现学习结果；最后，教师或学生自己就各小组对全班的贡献做出评价。这种策略在发挥学生自主性方面尤为突出，任务的关联性也很强。但此方法须延伸到课外，在合作学习实施的初级阶段，运用此方法还有一定的难度。

（二）合作学习的具体特征

小组合作学习中，在学习小组内部，学生个体与学生个体之间主要是一种合作关系，学习小组与学习小组之间主要是一种竞争关系。在课堂教学中，小组合作学习的主要特征如下：

1.组内异质，组间同质

合作学习小组是一种新型的结构——功能联合体，通常由4～5名在性别、学业成绩、个性特点等方面具有异质性的学生组成，尽可能地使小组的组成体现一个班级的缩影。由于在每个小组内体现了合理差异，从而在全班各个小组之间组成了一个大体均衡、可资比较的小组联合体。组内异质保证了组内各个成员之间在各方面的差异和互补，为学生与学生之间的互助合作、取长补短以及优势互补奠定了基础，有利于大家从不同的角度看问题；而组间同质，又为全班各个学习小组之间在同一起点和同一水平上，展开公平、合理的竞争创造了条件。

2.分割任务，结果整合

在小组合作学习中，一方面，每一个人都必须为自己的学习负责，小组学习成绩的优劣与个人是否尽责密切相关，小组合作学习将小组的学习任务分解到个人，或者全班任务先分解到小组、小组再分解到个人的方法，使得每个小组成员都承担了小组任务中的特定部分，一个人完不成自己承担的任务，不仅会影响自己的成功，而且也会给整个小组或全班的任务完成带来不利影响。另一方面，在小组的学习目标结构中，小组成员之间在学习内容和学习结果上有很强的相互依赖性，全体小组成员会形成一个"利益共同体"，在这个共同体中，一个人的成功并非真正的成功，只有在小组的其他成员也达到学习目标的情况下，自己才能达标。这样一来，小组合作学习改变了传统的课堂教学中单一的"输—赢"关系，在小组成员之间产生了"大家为一人，一人为大家"的"荣辱与共"的积极互赖关系。

因此，在小组合作学习中，学习成绩好、能力强的学生在自己掌握了学习内容之后，就会积极地去帮助其他学生；而学习成绩较差的成员，由于集体荣誉感和自尊心的作用，也会尽自己最大的努力去学习，以保证自己所在的小组不因个人的成绩不理想而失败，从而有效地调动了全体学生的积极性和主动性，实现了资源的共享。

3.个人计成绩，小组计总分

在小组合作学习的单元检查、测验和竞赛中，不再允许学生依靠组内其他成员的帮助，而是必须依靠自己的力量来独立完成测验，在统计小组总体成绩之前，先要计算个人成绩。这就要求每个人都必须依靠自己的努力去独立完成学习任务，为小组做出应有的贡献。那些学业较差的学生将在其他同学的帮助和个人努力下，争取好的学习结果，以保证不再拉后腿。

4.公平竞赛，合理进行比较

小组合作学习的主要目的是使每一个人都有平等的机会取得成功，认为只要自己努力，有同伴之间的相互帮助，每个学生都可以做得很好。为了达到这一目的，一方面，小组合作学习采用的"个体提高分"的计分方式保证了小组内的所有成员无论成绩优劣与否，都能得到均等的成功机会。"个体提高分"是学生个体在本次测验中的分数，比上次测验高出来的分数，它只在自己过去的基础上进行比较，而不是与别人比较，从而给每个学生设立了一个能够达到的目标，只要自己比以前努力，就能获得成功。另一方面，在小组合作学习中，取消了传统的常模参照评价，根据学生的学业成绩，优等生与优等生一起分组测验，差生与差生一起分组测验。各测验组每个成员的表现与原属合作小组的团体总分挂钩，优生组第一名与差生组第一名均为各自原来的学习小组赢得相同的积分。这种个人在原来起点上进行合理竞争、公平评价其贡献的做法，最终使得每个学生无一例外地得到了激励和肯定。

5.分配角色，轮流互换领导

在合作学习小组中，每一个学生往往都具有不同的个性品质：有的善于倾听，有的善于捕捉信息，有的善于澄清事实，有的善于分析问题，有的善于组织活动，有的善于缓解矛盾，有的善于组织外交。在小组合作学习中，应根据学生不同的个性特点，安排他们扮演适当的角色，承担不同的任务；同时，在不同的学习任务以及课题研究之中，学生的角色可以轮流互换。这样，既保证了学习小组成员之间分工明确、秩序井然，又能使个人的优势和特长得以充分利用和彼此协调。

总而言之，小组合作学习的这些特征，有效地克服了传统课堂教学中只有竞争、没有合作的弊端，通过学生之间的积极的人际交往，加强了学生与学生之间的合作、交流和沟通，并以集体促进个体进步，有助于课堂教学效果和质量的整体提高。

第二节 语文课程教学的自主学习方法

"自主学习"是教育课程与教学改革的一个切入点和聚集点。培养学生具有自主学习的愿望、能力和方法，这不但是教育课程与教学改革的目标之一，也是学校教育的理想和重要目标，更是构建终身学习社会的必然要求。自主学习对课堂管理提出了更高的要求，中小学语文教师只有掌握自主学习的课堂管理原则及策略，才能更好地把握课堂，提高自主学习的实效，使自主学习真正落到实处。课程与教学改革倡导的自主学习，有其自身的特点和内在机制，教师只有正确理解，并且把握自主学习，才能转化为实际的教学行为，真正实现自主学习的价值。"自主学习是学生在教育者启发、指导下，充分发挥自己学习的主体作用，在学习的整个过程中对学习的各方面，包括学习情绪、学习策略、学习方法与技术等做出主动的调节、控制，从而完成学习任务的过程。"[①]

一、语文教学中自主学习的原则

根据自主学习的特点，要充分体现自主学习的价值，需要中小学语文教师在组织自主学习时遵循以下基本原则：

---

① 孙英凤.语文教学与写作研究 [M].西安：世界图书出版西安有限公司，2017：98.

（一）自主性原则

教学实践的特殊性要求教师必须具有创新意识，必须全方位确立学生的主体地位，充分调动学生的积极性，注重学生个性的培养。在现代教学理论的认知中，学生是学习活动的主体，也就是要让学生自主学习。

在语文教学过程中，教师一方面要创造机会，乐于放手。要积极为学生提供自由思考的时间和机会，为全体学生创设一个主动探索的空间。另一方面；要相信学生。学生是学习的主体，他们有自己的思维方式，有一定的知识积累，对一些知识的学习，学生独立或通过合作是能够解决的。作为教师要让学生在课堂有限的时间和空间内，多读、多说、多思，使学生真正成为课堂的主人。同时，大力创造学习的机会，学生能发现的教师不暗示，学生能叙述的教师不替代，学生能操作的教师不示范，学生能提问的教师不先问，使学生在力所能及的范围内，让学生自主地运用所学知识去解决实际问题。

此外，语文教师要立足学生，善于放手。教师的语文教学不是无目的的放手，当学生对知识不理解或操作不规范时，教师要加以引导。自主学习并不意味着任由学生自己学，同样也离不开教师的导。教师要善于在方法上引导、在关键处点拨。

（二）目标性原则

自主学习的语文课堂管理应该有正确而明晰的目标，它向教学目标的实现提供保证，最终指向教学目标。目标本身具有管理功能，直接影响和制约师生的课堂活动，能起积极的导向作用。并且，目标使学生成为积极的管理者和参与者，对于发挥学生自觉的求知热情，增强学生自我管理能力，也具有积极意义。

在教学过程中，教和学的活动先要确定好准确适度的目标，使得知识的难度，恰好落在学生通过努力可以达到的潜在接受能力上，从而不断构建新的知识结构。在这种目标的适度要求下，教材的处理、教学方法的运用、教学过程的每个环节，都要体现学习目标。只有树立目标意识，教师的教和学生的学才会同步提高。激发学生自主探求的兴趣和渴望，这是构建自主学习课堂教学模式的核心要素。如果让学生根据自身的情况，在教师的帮助下确定对自己有意义的学习目标，自己确定学习进度，那么学生的学习兴趣肯定非常浓厚。让每个学生在课堂中充分行使自己的权利，充分享受学习的乐趣。这就给了学生自由选择的权利，为他们提供了主动探究的空间。

（三）自控性原则

自主学习课堂管理要求学生自己管理自己的学习，不依赖外界来管理自己的学习活动，这是自主学习的又一个基本特征。自主学习课堂管理表现为学生对学习的自我计划、自我调整、自我指导、自我强化上。语文教师一方面要强化学生的自我管理意识，让学生意识到自我管理的重要意义，引起学生对于自我管理的认同；另一方面，要逐步培养学生的调控能力和自我管理能力，这是促进学生自主学习的重要因素。

（四）反馈性原则

运用信息反馈原理，对语文课堂管理进行主动而自觉的调节和修正，是反馈性原则的基本要求。在语文教学中，教师应该不断分析把握教学目标与课堂管理现状之间存在的偏差，运用自己的教学机制，因势利导，确定课堂管理的各种新举措，作用于全班同学，善于在变化的教学过程中寻求优化的管理对策。此外，应积极关注不同程度学生自主学习的完成情况，准确把握学生学习的反馈信息，并以此确定课堂指导的内容及策略，增强教师课堂指导的指对性及有效性，使学生的自主学习更为有效。

（五）激励性原则

在语文课堂管理时，通过各种有效手段，最大限度地激发起学生内在的学习积极性和求知热情。激励原则要求教师在课堂上努力创设和谐的教学气氛，创造有利学生思维、有利教学顺利进行的民主氛围，而不应把学生课堂上的紧张与畏惧看作管理能力强的表现。激励原则还要求教师在课堂管理中发扬教学民主，鼓励学生主动发问、质询和讨论，当然，贯彻激励原则并不排除严格要求和必要的批评。

浓厚的兴趣如磁石般吸引学生的注意力、思考和想象力，促使他们去积极思考、主动探索。一个宽松和谐的教育教学氛围的形成，取决于教师的民主意识。培养学生的创造力，尤其需要民主的氛围和相对的空间。教师要努力创设一种教学氛围，允许学生有自由思考的时间，鼓励学生争辩、质疑、标新立异。

二、语文教学中自主学习的价值

第一，自主学习是社会发展的迫切需要。在当今信息时代，由于科学技术的迅猛发展，知识激增的速度不断加快，学习成为人们的终身需要。此外，作为学生就应该不断学习，不仅接受教师传授的知识，更多应采用自主学习方式充实自己，适应信息时代的要求。现代远程教育是随着计算机网络技术和多媒体技术等信息技术的发展而产生的一种新型教育方式，要求学生具有较强的自主学习能力。

第二，自主学习是教育改革的必然要求。时代要发展，教育要改革。新一轮的基础教育课程改革就是提倡以弘扬人的主体性、能动性、独立性为宗旨的自主学习。依照新的课程标准，教学目标与结果、教学对象、教学内容、教学方法与教学过程以及教学评价都与以往的教学有不同的特点。在未来的教育中，自主学习能力既是重要的教育目标，也是学生获取知识、发展技能的重要条件和途径。

第三，自主学习是个体发展的重要基础。首先，自主学习能够提高学生在校学习的质量。自主学习能力强的学生学习行为具有五个共同特征：①相信自己的学习目标和活动有价值；②认为学习对自己具有重要意义；③约束着自己去学习；④利用人力和物质资源；⑤产生的学习效果优于通常的学习成绩。其次，自主学习是个体终身发展的基础。自主学习是学生走出学校后所采用的主要学习方式，是个体自身发展的必备能力。无论是科技进步还是职业发展，都要求个体必须通过自主学习来不断掌握更新知识的技能，这样一来，才能适应社会的发展，完善自己的生活。

三、语文教学中自主学习的特征

（一）自主性特征

自主学习是针对学习活动中教师是教学的主体，学生从属于教师的指挥，被动地在教学内容中按部就班进行发展的统一模式所提出来的，其根本目的在于改变这种不注重学生主体性的片面教学，主张学生积极主动地参与到教学中，根据自己的实际情况确定学习发展的步调、方向和程度。它表现为学生的学习是基于自身内在需要的驱动，积极、主动地从事和管理自己的学习活动，而不是在外界的各种压力和要求下被动地从事学习活动，是"我要学"而不是"要我学"。如果学生学习是在外在压力、反感或是排斥情境下的迫不得已，即使学习成绩再好，在学习中投入的精力再多，参与学习的心理成分再多，也不可能称之为自主学习。

（二）有效性特征

参与学习的学习者内部因素主要体现为各种心理成分的协同作用。学习者的自我认识、自我体验和自我控制，将对自主学习的性质和方向起决定作用，没有正确的自我认识，缺乏自主学习的高峰体验，不能控制学习的目的性和方向性，就不可能有真正的自主学习。此外，这些心理成分还包括与心理过程紧密联系的认知、情感、意志活动，也含有与个性心理密切相关的个性心理倾向性和个性心理特征。学习者的兴趣、需要、动机、理想、信念、价值观等因素构成了激发自主学习的动力因素，对于能否维持自主学习的进行也发挥着积极的作用。而学习者的能力、气质、性格对于自主学习的速度、程度和质量也有十分重要的影响。

由于自主学习的出发点和目的是尽量协调好自己学习系统中各种因素的作用，使它们发挥出最佳效果，因此自主学习在某种意义上讲就是采取各种调控措施使自己的学习达到最优化的过程。一般而言，学习的自主水平越高，学习的过程也就越优化，学习效果也就越好。

（三）独立性特征

独立性是自主学习的核心品质，在学习活动中表现为"我能学"，每个学生都有表现自己独立学习能力的愿望，也都有相当强的独立学习的能力，他们在学校的整个学习过程，其实也就是一个争取独立和日益独立的过程。自主学习要求把学习建立在人的独立性一面上，要求学生尽量减少对教师和他人的依赖，由自己做出选择和控制，独立地开展学习活动。但是，学生学习的独立性有个由教到学的过程。学生有个从他主到自主、从依赖到逐步走向独立的发展过程。在此过程中，教师的"导"和学生的"学"是绝对不可缺少的。因此，中小学教师要尊重和呵护学生的主体性和独立性，逐步培养学生独立学习和解决问题的能力。与此同时，中小学教师也应重视学生发展中的个体差异性，要关注个性、因材施教、促进发展。

（四）过程性特征

自主性的发挥是需要在学习活动的过程中加以体现。对于学习者而言，学习活动本身就是自主性能否成功发挥的媒介。因此，自主学习的认识和评价不能离开学习活动，否则只能是空中楼阁。学习活动过程包括学习前的准备工作、学习进程中的信息加工、学习后的评价与反思等。即在学习活动之前，学生能够自己确定学习目标、制订学习计划、选择学习方法、做好学习准备；在学习活动中，能对自己的学习过程、学习状态、学习行为进行自我观察、自我审视、自我调节；在学习活动之后，能够对自己的学习结果进行自我检查、自我总结、自我评价和自我补救。自主性应该在各个阶段都能得以最充分的体现，但是在表现形式上可能有所不同。如果学习者在某个阶段上缺乏自主性，也不能称之为自主学习。因此，自主学习是学习者在学习活动过程各个阶段自主性发挥的统合。

（五）相对性特征

自主学习的相对性，这是由学校教育的基本特点和学生身心发展规律所决定的，它是区别于成人自学的一个基本特征。此外，在实际的学习情境中，完全自主的学习和完全不自主的学习都较少，多数学习介于这两极之间。换言之，学生的学习在有些方面可能是自主的，而在另一些方面可能是不自主的。就在校学生而言，他们在学习的许多方面，如学习时间、学习内容等，都不可能完全由自己来决定，他们也不可能完全摆脱对教师的依赖。要分清学生在学习的哪些方面是自主的，哪些方面是不自主的，或者学习的自主程度有多大。做到这一点才可以针对学生学习的不同方面进行自主性的教育和培养。

第三节 语文课程教学的探究性学习方法

探究学习应是从问题或任务出发，在教师指导下，学生通过自主探究活动，从而获得知识技能、发展能力、培养情感体验为目的的一种学习方式。

第一，探究学习以问题为导向，主要围绕着问题（或专题、主题）的提出和解决来组织学习的活动，因此，"问题"是学生学习的载体。在探究学习中，学校首先要组织学生从学习生活和社会生活中选择和确定专题。这些问题可以是教师提供的，也可以是学生自己选择的；可以是教材内容的拓展和延伸，也可以是对自然界和社会现象的探索；可以是纯思辨性的，也可以是实践操作类的；可以是已经证明的结论，也可以是未知的知识领域。此外，在学科教学中，教材是课程实施的基本依据和载体，那么，在探究学习中，问题便是学生学习的重要载体。以问题为导向，意味着探究学习应首先关注"学生的问题"。换言之，一方面，通过了解学生真正关注和感兴趣的问题，允许学生对这些问题先自主进行一些非指导性探究；另一方面，以问题为导向，说明探究学生追求的根本目标不是确定不移的知识结论，而是以一定知识为基础对世界的开放的"问题意识"，是敞开的问题视野。从这个意义上来看，探究学习就是把个体带入他对世界、对社会、对生活的问题（好奇、疑问与探究之心）之中，让学生经由有限但有效的学习活动，培育起对世界的问题空间，获得创造性地运用知识、加工知识的能力智慧。

第二，探究学习过程中的师生关系体现着"教师主导、学生主体"这一基本精神。一方面，探究学习向学生赋权增能，使得学生真正成为学习的主体。探究学习改变了传统课堂教学中教师讲、学生听的固有模式，让学生积极主动地去探索、去尝试，去谋求学生个体创造潜能的充分挖掘和个性的张扬，让学生接近生活，关注周边的现实世界。学生在实际生活中根据自己的兴趣、爱好特长自主地选择研究课题，从选题、收集资料、提出方案，直到最后的成果展示，都是由学生"自作主张"。教师在这个过程中的作用，是对学生进行积极有效的引导，发挥协助者的作用，而不是取代学生来进行这些活动。这种自主的学习过程与传统学习中学生被动地接受、隔离现实生活世界的学习过程形成鲜明的对比。另一方面，探究学习仍然强调教师的指导作用。只有这样，它才能有别于学生在好奇心驱使下，所从事的那种自发、盲目、低效或无效的探究活动。事实上，学生探究活动过程中所涉及的观察、思考、推理、猜想、实验等活动都是他们不能独自完成的，需要教师在关键时候给予必要的提示。

第三，从学习目的来看，经过探究过程，以获得理智情感体验、建构知识、掌握解决问题的方法是探究学习要达到的三个目标。以往的学习，其根本目的在于增加个体的知识储备。在我国的基础教育中，尤其强调对系统学科知识的掌握，学生在现实生活中解决实际问题的能力并不高，学生的实际能力与知识量不成正比，这种学习显然难以适应我国素质教育的要求和培养学生创新精神的时代主题。探究学习力图从根本上超越学科的界限，成为一种综合性的以问题为核心的、不断迈向未知领域的学习活动。它的目的不仅仅是使学生掌握系统的学科知识，还要使学生在真实的或者特定设置的情境之下能够综合地应用知识、能力去界定、发现问题，解释、分析问题，并最终解决问题。此外，探究学习的另一个目标就是让学生获得亲身参与探索的积极体验。通过让学生主动参与整个探究学习过程，激发探索渴望，使学生获得积极的情感体验。因此，探究学习过程，同时也是一个情感活动的过程。

一、语文教学中探究性学习的原则

（一）开放性原则

开放性是探究学习最显著的特点。探究学习从实质上讲就是培养学生发现问题、解决问题的能力，这就和传统的以接受纯文本知识为主的学习方式有着本质的不同。探究学习需要把学生置于一种相对动态的、开放的、多元的环境中。因此，探究学习要求语文教师在课堂管理过程中，不要过于干预学生探究的过程，而是要充分发挥学生的主体性，给学生以自由创造空间，鼓励学生走出课堂广泛地获取信息和收集资料，充分利用图书馆、实验室、科研机构、厂矿企业技术部门及家庭、社会的资源优势，多渠道、多方位地进行开放性探究，让学习过程成为学生发现、发明的过程。当然，开放性并不意味着放任自流，这就要求教师更充分地估计学生学习现状、教学内容的难度，同时更恰当地进行教学设计。

（二）主体性原则

主体性教育理论主张教育要以培养、发展和弘扬学生的主体性为根本目的，教育过程实质就是教育者借助一定的教育手段和方法，将人类的优秀科学文化知识和经验转化为受教育者的品德、才能和智慧，从而将社会的精神财富内化为学生主体性素质的过程。由此可见，主体性教育理论无论在教育的目的上，还是在教育的过程中，都把发挥人的主体性摆在了十分突出的位置。事实也正是如此，任何教育教学活动都离不开学生个体的积极参与和自主活动，教育者的任务不仅在于传授知识，更为重要的是要在教育教学过程中充分激发和调动学生的能动性、自主性和创造性，培养学生的探究态度和发展学生的探究能力。

探究活动是一个多侧面、多途径、多方法的活动，需要观察思考，需要提出问题，需要设计探究方案，需要根据证据来检验假设，需要提出答案、解释和预测，需要将探究结果与同学交流和讨论。上述活动没有学生的主动参与是不可能完成的。同时，探究也是一个解决认识矛盾的学习过程，需要学生坚持不懈地观察、思考、实验探究等。如果学生没有探究的积极性，探究活动就无法进行下去。探究学习让学生变成了教学的真正主体，在传统的接受学习中学生被认为是很不成熟的个体，他们不足以承担起发现知识和创新知识的重任，而探究学习则充分相信学生，相信学生在一定程度上有能力去主动地探索世界、揭示世界的奥秘，发现并创造出知识。因此，探究学习主张学生可以选择学习内容、确定学习方法、安排并实施学习计划、评价学习结果，对学生能力的信任，毫无疑问能够鼓励学生在探究的道路上阔步前进。

总而言之，在探究学习的课堂管理过程中，教师要注意激发学生对问题情境或探究内容的兴趣和动机，给学生提供自主探索、自主创造的机会，充分发挥学生的主体性。

（三）合作性原则

在社会建构主义理论家维果茨基的认知中，建构主义的学习应该是一种社会性、交互性的协作学习，知识不仅是个体在与物理环境的相互作用中建构起来的，而且社会性的相互作用更加重要，人的高级心理机能的发展是社会性相互作用内化的结果。因为每个人都以自己的经验为背景来建构对事物的理解，由于每个人生活世界的复杂性，以及作为认知者的每个人的认知建构方式的独特性，所以不同个体只能体验和理解到事物的不同方面。

在语文教学中，要使学生超越自己的体验和认识，看到那些与自己不同的观点，看到事物的另外的方面。特别是，在科学探究活动中，学生的基本假设、收集的信息、设计的方案、在探究过程中收集的数据、探究过程中的体会以及探究结论等方面都可能存在着相当程度的片面性。因此，在课堂管理过程中，要重视学生探究过程中的合作和讨论，使学生在发表自己的探究方法和成果、交流探究体验和感想、倾听他人探究经验的过程中，进行客观的比较和鉴别，从不同的角度，改进自己的经验和认识，取长补短，丰富自己的探究成果和收获，形成对问题的全面理解，从不同角度建构事物的意义，以利于知识的广泛迁移，同时有利于学生良好的合作精神的培养，也有利于发展学生的评价能力，为将来步入社会与人交往以及合作奠定良好的基础。

探究学习是围绕问题解决活动开展的，这些问题往往是综合性的复杂问题，学生需要依靠集体的力量进行分工合作。在探究过程中，教师不再是知识的仲裁者、课堂的控制者，而是学生探究学习活动的支持者、引导者和合作者，是和学生平等相处的伙伴。当探究进程中出现一系列问题时，教师不要急于求成，而要充分信任、肯定学生，放手让学生尽情地发挥自己的聪明才智，让学生通过探究自主发现规律，在探究过程中让学生自主寻找解决问题的方法、思路，在教师的引导下，学生逐步积累探究的经验，学会探究的方法，提高探究的能力。

在课堂管理过程中，教师要尊重学生的人格，尊重学生的选择，建立合理融洽的师生关系；充分地走入学生的心灵，了解和关注学生的思维发展，尽可能减少对学生统一约束和整齐划一的要求，鼓励每个学生亲历各种探究活动，提倡他们选择与众不同的探究路径。教师不仅要容忍学生犯错误，还要大胆地鼓励学生尝试错误。因为只有经过错误考验的学生，他们的探究能力才能得到不断加强。教师要努力营造一种"教师—学生"及"学生—学生"间自由、平等的氛围。例如，在学生做讨论进行探究的过程中，教师在教室里四处走动，与各小组进行交流。

学生通过讨论解决问题，同时又在讨论中发现问题。以往问题的解答全由教师包办代替，得出的结论学生被动地接受后死记硬背，造成学生只知其然，而不知其所以然，只能继承前人积累下来的知识经验、原则和方法，复制书本上的条条框框，而无法培养学生解决实际问题的能力，特别是创造性地解决实际问题的能力。因此，在探究学习的深度管理中，教师完全可以尽可能地创造机会，引导学生在边学边探究中解决问题，让学生亲自动手、动脑，互相合作，利用各种方式方法合作探究。在这一环节中，语文教师可以先用几分钟把解决不了的问题进行一下综合，然后让学生进行合作探究。形式可采取学生间讨论探究，小组讨论探究，整班集体讨论探究（包括师生间互相探究）。通过对话、争论、答辩等方式，发挥学生自身的优势，利用他们集思广益、思维互补、思路开阔、分析透彻、各抒己见的特点，使问题的结论更清楚、更准确。此时，教师要做到眼观六路、耳听八方，随时引导、点拨学生共同解决问题。

（四）差异性原则

差异性原则是指教师在教学过程中应尊重学生的人格，关注个体差异，满足不同学生的学习需要，创设能引导学生主动参与的教育环境，激发学生的学习积极性，培养学生掌握知识的态度和能力，使每个学生都能得到充分的发展。传统的学习方式由于受固有的班级授课、集体教学、内容一致、标准统一等特点的制约，即使教师有注重个性差异的共识，在实践中也往往很难实行。然而，探究学习从满足学生的需要和兴趣出发，充分发挥学生的自主性，尊重学生的个体差异。不要求学生以同样的探究方案进行探究，也不要求学生达到同样的水平；探究的结果也不是评价的唯一指标。特别需要注重使学生有机会达到各自期望，以及可能中小学语文教学与写作研究达到的发展目标。

在小组合作开展探究活动时，并非只有好学生才有能力开展探究，教师要注意观察学生的行为，防止一部分优秀的探究者控制和把持着局面，注意引导同学们让每一个人都对探究活动有所贡献，让每个学生分享和承担探究的权利和义务，对那些在班级或小组中较少发言的学生给予特别的关照和积极的鼓励，使得他们有机会、有信心参与到探究中。因此，在探究活动中，学生会有不同的感受和体验，对问题也会出现不同的理解和看法。因此，在探究学习的语文课堂管理过程中，教师要保护学生的学习兴趣，探索因人而异的教学方式，要让每个学生在不同的学习、活动中都能发挥自己的长处。从学生实际出发，承认差异，因材施教，才能真正做到面向全体学生，使每一位学生的创造性都得到自由充分的发展。教师对作品的理解往往更深刻、具有更高的水平，因此在探讨中处于一个特殊的地位，扮演特殊的角色。但学生的认知常常更加敏锐、出于自然、更接近真实，且在不受众多背景性信息干扰的情况下往往具有独特的视角。因此，教师在探究学习的课堂管理过程中要尊重学生在学习过程中的独特体验，对学生独特的感受和体验应加以鼓励。

（五）情境性原则

在建构主义理论的认知中，知识不是通过教师传授而得到的，而是学习者在与周围环境相互作用的过程中，通过同化、顺应和平衡，逐步建构起自己的认知结构的过程。传统的课堂教学，受到行为主义学习理论和以学科为中心的课程观的影响，把知识看成是脱离情境的纯文本，可以通过直接传授的方式教给学生，因而不注重学习情境的创设。所以，学生在传统的教学环境下，学到的是死知识，不利于知识的迁移和运用，不利于学生解决现实问题能力的发展和提高。

探究学习的一个重要目的在于：培养学生敢于批判和质疑的探究精神，然而敢于质疑不等于盲目怀疑一切，必须以事实为根据，学生只有在解决真实问题的过程中才能养成这种精神，那种脱离学生实际进行抽象技能训练的做法只会压抑学生的探索兴趣，根本谈不上探究精神的培养。为激发学生的探究兴趣，教师应注意了解学生关注和感兴趣的问题，然后将那些真正来自学生和属于学生、联系学生生活和社会实际的问题纳入课堂。第一，对学生感兴趣的问题进行调查统计和分析，以此作为设计课堂教学时，选择探究主题和安排主题顺序的基础；第二，每堂课都应尽量留出一些"自由探究时间"，供学生探究他们自主提出的问题；第三，教学内容有时可根据学生的即时兴趣，做出适当调整。

总而言之，在课堂管理过程中，教师应通过创设问题情境、真实的生活情境、实验探究情境等多种情境，激起学生思考的冲动，加强学生对知识的重组和改造，保证学生对知识的意义建构，提高学生发现以及解决问题的能力。这样一来，就将学生带入了一个问题情境，激起了学生的探究热情。

（六）发展性原则

多元智力理论学家加德纳认为，每个人的智力都是多元的、具有多种智力组合的个体，而不是只具有单一性质的、用纸笔测验可以测出智力的个体。每个人除了具有言语—语言智力和逻辑—数理智力两种智力以外，还有视觉—空间智力、音乐—节奏智力、人际交往智力、自我反省智力、自然观察者智力和存在智力；每个人都在不同程度上拥有上述基本智力，智力之间的不同组合表现出个体的智力差异；每个人都拥有智力发展的潜能，任何能力层次的人都可以通过学习让自己在各方面都变得很聪明；每一种智力存在多种表现的方法。在某特定领域中，不存在标准化的、必然被认为是具有智慧的域性组合，没有判断聪明与否的一组标准特质。

多元智力理论对教师创造一个适合学生智力发展的环境提出了要求。除了要多方面、多维度地看待智力，发现智力的多样性，还应该以发展的眼光看待智力，寻求智力的发展。即使某些领域不是学生所擅长的，甚至是学生的薄弱智力，也都是可以发展的。事实上，若能给予适当的鼓励和指导，每个人都有能力使所有的智力发展到相当的水准。因此，在课堂管理过程中，教师要采用多元的评价形式，以"肯定性评价"为主，使得每位学生都能看到自己的优点以及长处，增加学生的自我效能感，从而增强学生学习的积极性；同时给予适当的补充和指导，使每个学生的薄弱智力也能得到充分的发展，从而促进学生的全面发展，使他们成为完整的人。

因此，在教师教学中，重要的不是学生获得的那些知识、技能、技巧，而是在掌握知识、技能、技巧的过程中得到发展的能力、趋向活化的内在机能，它们将打开学生的认识步伐，促进学生更好、更快、更多地掌握有用的知识与活动。

二、语文教学中探究性学习的特征

（一）生成性特征

作为一种以"问题"为导向的学习方式，探究学习具有明显的生成性。探究学习的过程，并不是教师把预先设计的属于教师知识范围之中的知识图景，如何有效地、按部就班地传输给学生的过程，而是在师生既有知识、经验的相互沟通的基础上寻找、发现问题，借助于一定的新知识传授，师生共同去谋求解决问题的办法。因此，探究学习内容并不限于教学计划中的固定安排，它应根据当时当地的教学情境需要做出必要的调整，这种学习方式充满弹性、富于张力。在探究学习过程中，教师不是作为传声筒，而是作为一个带着理智、情感、智慧的，与学生平等的个体，参与到超越简单知识授受的、深层次的、充满问题的教学情境的创造性建构之中。生成性的特点使探究学习对于师生而言，永远充满着超乎预设之外的诱惑力（而不是一开始就知道结果如何），一种源自师生思想的诱惑力，它永远对教师和学生的知识和智慧构成挑战，使师生潜能在富于挑战与激励的教学情境中不断释放、展现出来。

（二）开放性特征

开放性是探究学习最显著的特性。在探究学习中由于要研究的问题（或专题、课题）多来自学生的现实世界，课程的实施大量地依赖于教材、教师和校园以外的资源，学生学习的途径方法不一，最后探究结果的内容和形式也会各不相同。因此，它必然会突破原有学科教学的封闭状态，把学生置于一种动态、开放、生动、多元的学习环境中。这种开放性的学习，改变的不仅是学生学习的地点和内容，更重要的是，它提供给学生更多的获取知识的方式和渠道，推动他们去关心现实、了解社会和体验人生。

第一，内容的开放性。探究学习，是一种超越了传统的课堂、传统的学科、传统的评价制度，牵涉自然、社会、文化及人类自身的全新的学习方式，它要求消除以往教师分科教学、学生分科学习的弊端，反对把学习内容限制在某些方面的做法，提倡为学生提供综合学习的机会，通过围绕某个问题组织多方面或跨学科的知识内容，让学生对知识融会贯通，多层次、多角度地思考问题。因此，探究学习所涉及的面相当广泛，即使在同一主题下，研究的视角或切入口也有相当大的灵活度，因而教师和学生需要更多创造性发挥。

第二，学习资源的开放性。探究学习可以为学生开拓丰富的资源，既包括人、财、物，还包括环境、信息、关系、组织、机构等。例如，图书馆、网络信息、信息媒体、专家咨询、研究机构、研究所、企业、科技馆、电影院、少年宫等探究所需和可利用的所有人员、事物、信息都可以成为探究学习资源。在这种开放性的学习环境之下，探究学习的形式就不再只局限于课堂、教材，而是向课外、向更广阔的世界开放、延伸。这不只是简单的学习与社会生活实际结合起来，它意指学习活动乃是一种灵活的而非机械呆板的、意义丰富而非枯燥单调的活动，学习活动时刻与外在世界保持生动的联系。

第三，思维的开放性。探究学习它要求教师不能设计过多的教学事件来干预学生探究的过程，充分发挥学生的主体性，鼓励学生在探究活动中任意想象，自由思索，不受既定思路、现成答案以及各种权威的限制，在重证据、重逻辑的基础上充分发挥自己的创造精神和才能。因此，整个探究活动处于一种开放的状态，学生自主安排活动方式和活动内容，有自由创造的空间。

第四，方式的开放性。探究学习应是一个开放的活动系统，须在与其他学习方式的相互作用中得到不断改进。探究学习的这种要求源于探究的本质即反省思维，它要求教师对探究学习本身不断反省，以使其更加符合目的性和规律性。如此才会建立与学生不同能力水平、不同学习内容等相适应的探究学习变式，而不至于把探究学习或某一模式教条化、理想化。同时，探究学习的开放性，要求教师正确看待探究学习与其他学习方式的关系，例如，自主学习、合作学习等。这些先进的学习方式都有其独特之处，教师不仅不应该加以排斥，反而要善于从中汲取长处，以促进探究学习自身的完善与发展。

（三）问题性特征

问题是思想方法、知识积累和发展的逻辑力量，是萌发新思想、新方法、新知识的种子。没有问题，感觉不到问题的存在，学生就不会去深入思考，那么学习也就只能是表层和形式的。为此，探究学习强调通过问题来进行学习，要求学生以问题作为学习的载体，自觉以问题为中心，围绕问题的发现、提出、分析和解决来组织自己的学习活动，从而形成一种强烈又稳定的问题意识，始终保持一种怀疑、困惑、焦虑、探究的心理状态，从而催生出更多的问题。这样学习才有强大的动力，才能真正开启心智的大门，才能真正激发学习的热情，才能真正领略到学习的乐趣和魅力。

在这种学习过程中，一方面强调通过问题来进行学习，把问题看作学习的动力、起点和贯穿学习过程中的主线；另一方面通过学习来生成问题，把学习过程看成是发现问题、提出问题、分析问题和解决问题的过程。总而言之，问题意识是学生进行探究学习的重要心理因素。当然，由于探究学习主要是围绕着问题的提出和解决来展开的，问题的品质就成为直接决定探究成效的重要因素之一。问题有真的，也有假的。真问题是反映学生现实生活、发生在学生身边的自然以及社会现象中的问题。学生只有在解决真问题的过程中，才能养成不盲目相信权威、敢于批判和质疑的探究精神。否则，其探究学习无疑只是一种枯燥无味的"智力游戏"，令学生望而生畏，丧失探究的兴趣和热情，根本谈不上探究精神的培养。因此，探究学习需要师生根据日常经验观察、发现并提出真问题。

（四）自主性特征

探究学习的典型特征是，教师不直接告诉学生与教学目标有关的知识与认知策略，而是创造一个特定的学习环境，让学生经过探索后去亲自发现和领悟它们。因此，在探究学习过程中，教师要善于激发学生学习的主观能动性，引导学生积极分析和思考，以便他们能够积极主动地从探究的一个阶段过渡到另一个阶段。它要求教师改变传统的作用方式，将所有重点放在创造条件、引起和激励学生的探究和发现上。但这绝不意味着教师的作用因此而有所降低，甚至无足轻重，而完全任由学生去独自探究。事实也正是如此，任何教育教学活动都离不开学生个体的积极参与和自主活动，同时也离不开教育者的引导。因此，在教育教学过程中，教育者应处理好"放"和"扶"的关系，充分激发和调动学生的能动性、自主性和创造性，培养学生的探究态度和发展学生的探究能力。

第五章 中小学语文教学的应用策略与思考

第一节 语文教学的指向表达策略

一、语文教学中指向表达策略的特征

指向表达作为课改背景下，中小学语文教学鲜明的教学主张，在具体的教学过程中有着各种不同形式的表现，有的直接、明显，有的间接、含蓄。但同时，这些教学过程又有着相对稳定的外在表现。这些相对稳定的外在表现就是指向表达的基本要求、本质规律和基本特征。指向表达策略的基本特征，是建立在中小学语文教学基本规律的基础之上，是对指向表达教学过程共性特征进行的提炼和概括。通过研究指向表达的基本特征，教师可以透彻了解指向表达的基本内涵，找到判断指向表达的基本标准，为今后更好地开展指向表达专题教学研究指明方向。实际上，指向表达的语文教学离不开学生对文本的感悟、对语言的积累、对方法的领会和及时的迁移运用。这四个方面环环相扣，层层递进，既是学生表达能力形成的四个阶段，也是评价指向表达语文教学的四个标准，共同组成了指向表达的四维架构，成为指向表达的四个基本特征。

（一）强化感悟的特征

感悟是学好语文的一条重要途径，语文课程是工具性和人文性相统一的学科，语文教学尤其是阅读教学，更离不开感悟的情感体验。入选语文教材的课文语言准确生动，内涵丰富深刻，特别适合学生阅读、感悟，尤其是自读感悟。阅读中的"感悟"是学生凭借对语言及其语境的直感，获得某种印象或意义的心理过程。感悟是在理解基础上的有所领悟，实际上是一种深化的情感体验，是文本与教师、学生的生活体验交汇的灵感。为了提升学生的自学能力、语文素养，在平时的教学过程中，教师经常见到教师引导学生自读感悟的情景。学生通过感悟文本，与文本、人物深入对话，了解课文的内容，把握人物形象，体会深层情感，获得思想启迪。学生在感悟的过程中，悟出了内容和形式，悟出了情感和方法。感悟对全面提高学生的整体语文素养，提高学生的表达能力有着非常重要的作用。由此可见，感悟的过程也是学习表达的过程，感悟是表达能力形成的前提和基础，强

化感悟是指向表达的重要训练方式。

强化感悟就是教师在教学过程中，以感悟为主要教学手段、方法，引导学生紧扣文本了解内容，体会情感，学习方法。强化感悟，就要把学习的权利交给学生，让学生在教师的指导下借助相关课程资源，自己读书，自己领会，自己运用。这实际上是对烦琐分析、教师讲学生听、一问到底的教学状态的优化，尊重学生的主体地位，尊重学习语文的规律。首先，要悟其义，课文内容要读懂，至少要粗知大意；其次，还要悟其情，悟其法，即体会文章表达的思想感情，体会文章的表达方法，悟作者遣词造句的妙处。这是强化感悟的基本要求。

当然，在强化感悟的过程中容易出现碎片化的倾向，需要引起教师的重视。教师应着眼表达内容的整体，引导学生从整体的角度，关照表达的整个过程，做到条理清晰，内容完整，重点突出。教师学习的课文都是以整体的形式出现的。不少教材在编排时都采用主题单元的形式，这就要求教师在学习时必须从整体进行把握。而且，学生在进行表达时，一般也是以整体的形式进行表达。对表达的内容、语言、方法、过程进行整体思考以后，才进行完整、流畅的表达。由此可见，整体性是强化感悟、指向表达的内在要求。整体性表达符合学生的认知规律。整体性有利于学生从总体上把握内容。

总而言之，整体性能帮助学生从整体角度统筹考虑，全面感悟课文内容，整体考虑表达重点，客观上起到兼顾整体、突出重点的效果。只有基于整体性的强化感悟，才能真正读懂文本，悟透情感，习得方法，为指向表达奠定坚实的基础。

（二）强化积累的特征

学生表达能力的提高离不开丰富扎实的语言积累，积累已经成为语文教学的一项重要内容。学习语文的过程本身就是一个不断积累的过程。通过长时间的积累，可以逐步提升学生的语文素养。语言靠积累，能力靠实践。中小学生精力充沛，记忆力强。中小学阶段是学习语言的最佳时期，也是记忆的最佳时期。作为语文教师，一定要抓住学生记忆的黄金时期，创造各种情境帮助学生丰富语言的积累，从课文中的好词好句，到课外的名言佳句，有计划、有步骤地帮助学生积累，从而为学生的表达打好语言的基础，让语文课真正为指向表达服务。强化积累的好处显而易见，一个人的语文素养要靠长期、大量的积累才能形成。学生在强化积累的过程中，储存了海量的语言素材。丰富的语言素材是学生形成表达能力、提升语文素养的基础。学生只有积累了大量的语言素材，才有可能进行流利、生动、准确的语言表达。由此可见，强化积累是指向表达的基础，是指向表达语文课的重要内容，也是指向表达的基本特征之一。

（三）强化方法的特征

指向表达的语文教学，核心在表达，关键在方法。学生表达能力提升的快慢，很大程度上取决于表达方法指导的有效性。方法有效了，事半功倍；否则，适得其反。在教学过程中，教师一定要高度重视学习方法的作用，适时、适度教给学生表达的方法，让学生用学到的方法，建构表达的范式，进而规范、生动地进行表达。课上，教师要有意识地进行方法的渗透，真正做到课内得法、课外运用，巧妙实现方法的迁移、内化。作为教师，要结合教学内容和学生实际，从表达的顺序、主次，到表达语言的组织，乃至语气、语调、停顿、重音，都要引导学生逐步学会、掌握。只有正确掌握了表达的基本方法，学生才能学会流畅、生动地表达，真正提高自身的表达能力。由此可见，强化方法指导是指向表达的内在要求和主要特征。

指向表达的语文教学，在强化方法的过程中，常常由于重视条理、主次、语法、修辞等表达方法而忽视表达规范性的现象，规范性就是按照既定标准、规范的要求进行操作，使某一行为或活动达到或是超越规定的标准。指向表达的语文教学，更需要注意培养学生规范表达的意识。语言是信息的第一载体，要对服务对象准确地传递信息，就要注意语言的规范性，便于表达和交流。这是一个保底的要求。表达的规范性，首先，要做到语音清晰。表达的目的是要让对方听清楚、听明白，以起到交流信息、沟通感情的作用。汉字融音、形、义为一体。语音不准就会差之千里，不能畅达、规范地和对方进行信息交流，不能正确地传达课文的内容、思想和情感。因此，在表达的过程之中，必须用规范普通话与对方交流，通过轻重缓急来准确表达，以减少交谈中的障碍。其次，要做到语义准确。要尽量使用通俗易懂的口头语言把意思表达清楚，以免影响交谈或产生误解。最后，要做到语法合乎逻辑。语言要符合语法要求，具有系统性和逻辑性。

（四）强化运用的特征

所谓运用，就是根据事物的特性加以利用。课堂教学中的"运用"，是指在教学过程中，教师根据教学内容的特点，引导学生进行方法的迁移，学会在具体情境中进行举一反三的应用。在教学过程中，任何运用都是在学习者已经具有的知识经验和认知结构、已获得的动作技能、学习的情感态度等基础上进行的。学生在迁移运用的过程中，实现由得言到得法、由教过到学过的转变，从而达到方法的内化、能力的提升。教师要增强迁移运用的意识，善于根据课文内容和学生实际，准确选择运用的点，巧妙把握运用的时机，帮助学生搭建迁移的桥梁。学生在尝试运用的过程中，语言积累得到强化，学习方法得到内化，语用能力得到提升，语文核心素养得到明显提高。由此可见，强化运用实际上是指向表达的重点和关键。

提高强化运用的实效，一定要立足于学生已有的知识基础和生活经验，贴近学生的学习需求，激发学生运用的强烈渴望，鼓励学生大胆表达、个性化表达，经历表达的过程，体验表达的快乐。教师一定要充分了解学情，充分了解学生，找准迁移运用的起点。教师一定要充分调动学生表达的一个积极性，激发学生表达的强烈渴望，创设表达的情境，鼓励学生个性化表达，发表自己的见解，把属于学生的权利还给学生，使得学生真正回到课堂中。

二、语文教学中指向表达策略的路径

"指向表达作为语用背景下语文学习的有效实施策略，对提高学生的表达能力、提升语文综合素养的作用是显而易见的。"[①]中小学语文教学是否指向了言语表达，要从两个层面审视：①教学内容是否具有表达元素，教学内容要落脚在对文本文字的音形义理解，对文本用词造句的关注，对语言的特点及规律的探索，对文本篇章结构的借鉴。②教学过程是否着眼于表达能力。一般而言，语文教学要着眼于"三个一"，即一笔好字、一副好口才、一手好文章。这"三个一"是最重要的表达基本功。课堂上，不管如何组织教学活动，都要紧扣"三个一"展开。要挤出充裕时间，指导学生写字；以熟读为基础，用多种形式理解、积累、运用语言，夯实言语表达基础；用背诵、复述、概括、改变表达等多种方式，训练言语表达技能。

指向表达的语文课，不仅要求教学的各个环节要为指向表达服务，还要求教师围绕提高学生的表达能力去主动整合资源，创设练习说话、练笔的机会，切实提高学生的表达能力。深入研究指向表达，要求教师根据指向表达的基本要求和内在规律，探寻在语文教学过程中指向表达的基本路径，提高常态语文教学指向表达语用训练的学习效率。换言之，指向表达应该贯穿于语文教学的全过程。探寻指向表达的基本路径，需要教师全面审视语文教学的过程，从课前到课中，从磨课到上课，从内容的选择到方法的运用，力求找到指向表达的内在规律和操作路径，切实提高指向表达的实施水平。下面从选择内容、科学实施等方面探讨指向表达的基本路径。

（一）选择内容

在语文教学备课的过程中，如何选择教学内容逐步成为备课的重点。在反复打磨的过程中，教师常常从研读课程标准、领会课标内涵开始，从文本表达的重点、学生学习的难点、语用训练的着力点以及链接生活的训练点着手，力求找准指向表达的训练点，提高训练内容的针对性和实效性。下面以《一路花香》课文教学为例，探讨指向表达背景下教学

---

① 刘吉才.指向表达的小学语文教学 [M].北京：中国书店，2019：37.

内容的选择。

1.指向表达策略的训练点

（1）关注文本表达的重点。文本是学习的主要载体，它是编者根据课程标准编写的学习基本用书，具有权威性。教材的基础地位不容动摇。教师在进行语文学习时，必须尊重教材，以教材为本，扎实地进行语言文字的训练，用好教材资源，提升学生的语文素养。教师在选择教学内容时，一定要基于文本，从文本表达的重点出发确定教学内容。在进行《一路花香》教学时，从文本表达的重点出发确定教学内容需要注意以下方面：

第一，从题目着手。从题目着手，就能很快抓住主要内容，要从课题着手，引导学生去文中寻找直接描写"一路花香"的三句话，体会这三句话背后的深刻内涵，为后面的深入学习找到一根循序渐进的线索。

第二，从内容着手。在与课文对话时，教师既要学会概括能力，要将一篇课文读成一句话，也要学会理解感悟，将一句话读成一段话、一幅画。课文写了挑水工和破水罐之间的故事，以破水罐心情的变化为线索确定教学内容，可以将课文内容充分整合，突出主要内容，也就是将散落在文中的内容串成串。

第三，从体裁着手。每一种体裁都有特定的表达特点。这篇课文是一则寓言。寓言一般都借用一个假托的故事，而言明一个深刻的道理，寓言中所含有的深刻的道理就是寓意。学习寓言，不仅仅要了解故事的主要内容，更重要的是要领悟寓言所包含的寓意，也就是领悟寓言寄托或隐含的某种意义，从而体会作者写这则寓言的目的，受到启发和教育。

（2）关注学生学习的难点。在确定教学内容时，要从学生的实际出发，充分了解学生的学习需求，合理确定学习的难点，提高学习的效率。在确定语文学习的起点时，很多教师还是以自己为中心，学生"被中心化"。用教师的童年来想象现在学生的童年，用成人的眼光去设想学生的生活，实质上，仍然是以教定学。这种以教定学的情况，在平时的教学过程中其实有很多。因此，在选择语文教学内容时，一定要进行学前调研，真正掌握学生学习的难点。要摸清楚学生的学习需求，从学生的角度真正找准学习的起点。

例如，在检查预习的时候，发现学生对破水罐心情的变化很容易找到，但是对心情变化的原因却很难理解。于是，将理解破水罐心情变化的原因作为重点、难点，引导学生反复体会。先是找出写心情变化原因的句子自读感悟，在书旁写批注，然后通过好水罐和破水罐的对比体会破水罐因比不上好水罐而惭愧，再出示破水罐和挑水工的对话，揣摩说话的语气，体会破水罐因对不起挑水工而惭愧，然后围绕"美好的景象"进行想象，体会破水罐的快乐，最后通过品读挑水工的话，逐步揭示寓意，体会破水罐的欣慰。

（3）关注语用训练的着力点。长期以来，教师在解读教材时，往往只重视课文内容，写了哪些人、哪些事，表达了怎样的主题，对课文怎么撰写的，也就是对语言的关注程度不够，尤其对揣摩表达常常轻描淡写，一笔带过，做淡化处理。结果学生知其然，不知其所以然，导致学生学习选择力的弱化。

例如，《一路花香》一文内容浅显、语言直白，学生很容易理解，要注意选择语用训练的着力点。在反复研读课文时，可以发现许多看似平常的语言背后，隐藏着极为宝贵的训练资源。如在体会"那只完好的水罐不禁为自己的成就感到骄傲"一句时，先引导学生体会从哪些词语可以看出好水罐的"骄傲"，再让学生比较"成就、成果、成绩"，然后将这三个词进行情境填空，同时充分体会好水罐的"骄傲"。在体会破水罐和挑水工对话时，先引导学生给对话补充提示语，再进行分角色朗读，揣摩人物当时的心情。在学习"这美好的景象使它感到一丝快乐"时，先引导学生边读边展开想象："呈现在破水罐眼前的是一派怎样美好的景象？"然后出示相关图片，启发学生通过这一美景："你想起了哪些优美的词。"最后及时出示一些描写鲜花的词语帮助学生进行语言积累。在学习挑水工的最后一次对话时，先让学生思考："课文写了破水罐心情的三次变化，有没有第四次心情的变化呢？"再引导学生从"早""利用"体会挑水工善于将破水罐的缺点转化为优点，让破水罐发挥自己的作用，破水罐由此心情变得欣慰起来。

（4）关注链接生活的训练点。随着课改的深入推进，当下的语文课堂正在掀起一股"语用热"。作为"语用热"典型表现的读写结合，几乎成了语用的代名词。很多学校甚至规定，语文课必须安排读写结合训练。读写结合训练在语用训练中的作用是很大的。生活是作文的源头活水。教师在安排随文练笔时，一定要贴近学生的实际生活。

例如，在《一路花香》教学时，要贴近学生的实际生活进行读写结合的训练。经过反复推敲，教师可以发现破水罐由于没有看到自身存在的价值，尤其是渗水的缺点也可以转化为浇灌出美丽鲜花的优点，而感到十分"惭愧"。在学生之间，也有许多学生，有的可能因为个子矮小而懊恼，有的可能因为力气太小而气馁，有的可能因为学习偏科而伤心等。教师可以以此为切入点，让学生学习文中挑水工善于将别人缺点转化为优点的做法，也来劝劝这些同学。于是，在了解课文寓意以后，以"读了这个故事后，你想对他们说些什么呢"为题，引导学生把想对他们说的话写下来。由于以上现象在学生身边经常发生，学生一下子就找到表达的对象，愿意表达内心的想法。

2.指向表达策略的基本点

学生是学习的主体，教师的一切教学活动都要围绕学生展开，这就要求教师在确定教学内容时，要从学生的实际出发，充分了解学生的学习需求，下面先来分析常见的教学现象。

（1）教师对教学内容选择完全放手。从表面上看，这种完全放手的教学过程观念前卫，教师把课堂还给学生，充分体现了"以人为本"的教学理念。教师能尊重学生教学内容选择的权利，允许学生根据自己的喜好选择自己喜欢的部分。"为了每一个学生的发展"是这次课改的基本价值取向。这就要求教师在平时的教学过程中，要引导学生主动学习、积极探究、努力体验、、享受乐趣。尤其在阅读教学中，要想方设法鼓励学生自主选择、自读感悟，不能以他人的理解来代替自己的阅读实践。从这个角度而言，这种教学方式无可厚非。但是，实际上，对于教学内容选择完全放手，却暴露出许多教师认识上普遍存在的一些误区，即认为突出学生主体地位，强调尊重学生自主学习，就是要服从学生，尊重学生的选择权，学生想要学习哪小节就学哪小节，想怎么汇报就怎么汇报，教师都不能干涉，如果不这样，就不是"以人为本"，就违背了课改精神。

虽然，尊重学生的选择权、尊重学生的学习方式可以更好地突出学生的主体地位，但是，看似是尊重部分学生的选择权，同时也意味着剥夺其他学生的选择权。而且，尊重学生的选择权还要和教师的正确引导结合起来。有些教师刻板教条地强调学生的"自主学习"，形成教师主导作用的欠缺。上课随心所欲，以学生为主自学、读书，教师落得清闲。有些教师在教学中选择把课堂全部还给学生，在学生自学或小组讨论时，站在一旁不加以引导；在朗读训练时，一味地让学生读，随着学生走，不做必要的范读与指导；在讨论探究某些问题时，对学生发表的不同意见一概默认为同一种；为了体现对学生创造性思维的培养，任学生自由想象，不予正确引导等。这些教师忘记了教师是学习活动的组织者、引导者和促进者，教师的主导作用被忽视了。

教师把课堂还给学生，这本身是无可厚非的，课堂本来就是学生的，学生才是课堂的真正主人。从本质上而言，把课堂还给学生，对教师的要求反而更高了。中小学语文教学要充分发挥师生双方在教学中的主动性和创造性，语文教学中，教师的主导作用是重要的。只有充分发挥好教师的主导作用，才能真正体现"学生是语文学习的主人"。

（2）放弃引导学生进行自主感悟，由教师直接代言。一些教师在引导学生品味词语时，通常通过漏读的方式引出关键词语。在体会词语时，学生体会不深刻，或者不是教师想要的答案，一些教师会很着急。为了提高课堂"效率"，就会放弃耐心的等待，直接代表学生说出答案。此时，教师关注的不是学生的学习过程，而是自己的教学流程，这是典型的教师中心论的一个表现。在学生品味词语遇到障碍时，教师要学会等待。

当课堂生成问题后，学生思考问题、展开思维需要一定的时间。学生的思维有快慢之分，思维慢的学生需要等待，思维快的学生同样需要等待，只是等待的程度不同而已。有时，学生的思维很浅显，需要引向深入。此时，正是发挥教师引领作用的时候。如果学生的理解没有到位，教师可以把学生的注意力引导到文本中，给学生时间，让学生潜心体会文章。等学生充分体验了学习过程、思维充分展开之后，学生的认识会登上一个新的台阶。语文课堂上，不是看完成了多少教学任务，而是要充分关注学生的学习过程。一些教师习惯于完成显性的教学任务，而忽视了学生体验、感悟这样的隐性教学任务。正是这样的隐性教学任务，往往影响着人的一生。

在中小学语文课堂上，一些学生问题回答不出来，可能不是不会，而是自信心不足，害怕犯错误。在这种情况下，教师更要学会等待。等待的实质是尊重。此时，教师面对的不仅仅是一个问题，而是一个需要发展的人，有着强烈表达渴望的学生。此时的等待，对教师而言，可能只有几秒钟，对学生而言，却是迈上了新台阶，可能是人生的一个转折点。教师学会尊重和信任学生，会给学生以无穷的力量。例如，"别紧张，慢点说。""相信自己，你一定能行！"这些富有人性化的鼓励性的语言，都会让学生看到了成功的希望，重塑信心。

（3）读写迁移远离实际。生活是作文的源头活水，语文习作教学应贴近学生的实际，让学生易于动笔、乐于表达。教师在安排随文练笔时，一定要贴近学生的实际生活，在生活与练笔间，建立起一座相互融通的桥梁，建立起一个同步律动、相似跳动的互换机制，打通练笔与生活的隔阂，让学生有"似曾相识"之感，找到表达的支点，真正做到让学生有话可练、有情可抒。

然而，许多教师在设计读写结合训练时，一味兼顾课文内容，用自己的童年预设学生的童年，练笔内容远离学生的实际生活，学生无话可写、无情可抒。学生没有类似的生活体验，只能根据课文描述，要么原样照抄，要么适当改写。教师需要从学生的生活着手寻找练笔内容，可以引导学生写一处场景，由于这些场景与学生的实际生活紧密相连，学生有话可说、有情可抒，练起笔来也就轻车熟路、水到渠成了。学生是学习的主体，教师的一切教学活动都要围绕学生展开。在确定教学内容时，要真正从学生的实际出发，充分了解学生的学习需求，巧妙发挥教师的主导作用，从而真正做到学有目标、教有方向，实现从"教教材"到"用教材教"的真正转变。

（二）科学实施

培养学生表达能力的关键在课堂，重点在教学实施的过程。内容选择再精准，过程打磨再精心，离开了科学有效的实施，学生表达能力的培养也就无从谈起。由此可见，科学有效的实施在指向表达的语文课中至关重要。下面对指向表达的语文教学实施过程进行分析，阐释科学实施指向表达的教学过程。

1.进行科学的预习

预习作为对课堂学习的提前准备，是课堂教学的前导，是一种良好有效的学习习惯。就课前预习而言，实际上，是学生自觉运用所学知识和能力，对课上将要学习的内容预先进行了解，求疑和思考的主动求知过程，为课上学习做好充分准备。许多教师在引导学生预习时，要么完全放手，不布置任何实质性任务，学生怎么预习都可以；要么包办代替，提供背景资料，补充知识积累，布置一系列预习作业，学生被动预习。这就造成学生对于预习普遍兴趣不浓，无法养成良好的预习习惯。在引导学生预习时，教师应该从激发兴趣、养成习惯、方法指导着手，着力培养学生预习的习惯，取得了较好的预习效果。

（1）激发兴趣是前提。兴趣是预习活动的主要动力源泉。要想做好预习工作，必须注重激发预习的兴趣。长此以往，逐步养成预习的良好习惯。为了激发学生预习的兴趣，可以采取三个方面做法：首先是完善激励机制。中小学生上进心强，通过激励机制可以充分调动学生预习的兴趣。其次是布置分层作业。学生学习基础不一样，学习需求也就不一样。这就要求布置预习作业时要充分考虑学生的这种差异性，科学设计。最后是创新预习方式。在布置学生预习时，要注意创新预习方法，把知识性与趣味性融合起来，激发预习兴趣。

（2）方法指导是关键。预习的本质是自学。要提高学生自主预习能力，必要的方法指导是保证。有了科学有效的方法，不仅可以规范预习行为，还可以提高学生预习的效率，真正实现自主预习，培养自学能力。为了帮助学生逐步学会预习，便于进行预习方法指导，教师可以尝试着将初读前移，即将课上的初读环节前移到预习，手把手地引导学生学会预习。这样一来，可以使学生知道预习分多个步骤，从哪些方面着手，达到怎样的要求。以课文预习为例。在平时的教学过程中，为了提高预习的实效，可以尝试总结出阅读教学"四步预习法"，即一读、二查、三找、四思，既明确了预习的基本要求，又提出了简便易行的操作方法，取得了较好的预习效果，具体流程如下：

第一，读，即初读课文。课前预习实际上是为课堂上深入学习做好充分准备的。所以，教师在要求学生预习时，第一步就是把课文读熟。在要求学生读课文时，可以提出三个层次的要求，即读正确、读通顺、读出情感。学生通过预习，要达到读正确、读通顺，力争读出情感。先提出量上的要求，开始预习课文的时候，必须读课文两到三遍，而且要边读边做标记，把不认识的字、不理解的词句，用醒目的符号圈画出来。为了引导学生预习，还可以对学生进行预习读课文的方法指导。让学生以小组为单位，首先，个人自读；其次，同学互读；最后，再由组长检查圈画的情况。这样一步步地把预习的方法教给学生，使之逐渐成为一种习惯。

第二，查，即查工具书理解生词。学生在初读课文的过程中，肯定会遇到生字新词。可以要求学生在预习课文时，旁边必须摆放一本字典或词典等工具书。在第一遍读完课文后，把圈出来的生字新词的读音、意思，要借助工具书弄清楚。为了帮助学生提高查字典的速度，教师要教会学生查字典的一些简便方法，要求学生在字典旁边，标出音序的起止范围，速记常见的部首，举行查字典比赛。学生在查出这些生字新词的音、义的同时，还可以要求学生必须将这些音、义写在生字新词的附近，便于在再次阅读时加深印象，深入理解。

第三，找，即找与课文相关的资料。中小学教材中的许多课文都是一些长篇作品的节选，或者和一定的时代背景联系在一起。在学习课文时，需要借助这些相关资料来理解。

学会收集、整理资料，也是当代学生必须具备的基本能力。因此，在布置预习任务时，可以要求学生必须在书头写上与课文相关的资料。可以查阅相关工具书，可以上网浏览。在上课之前，只要检查一下学生书头的摘抄情况，就知道学生预习的程度了。

第四，思，即质疑问难。预习的目的，是让学生习得方法，形成能力，养成习惯。学生通过一读、二查、三找，对课文已经有了大致的了解，但这还远远不够。为此，预习要学会质疑问难，就是边读边思考。要鼓励学生再次回到课文中，边读边思考，为深入学习做充分准备。教师可以从以下方面去思考：思课题、思内容、思脉络、思疑难。

首先，思课题，想想该写的内容。题目是文章的眼睛。一般文章的题目都是经过反复推敲、斟酌的。看了课题，想想课题告诉教师的内容，主要应该写的内容，产生应有的阅读期待。其次，思内容，课文写了哪些内容。可以通过把几个段落的意思合并来概括，也可以到文中找关键句子。再次，思脉络，课文按哪些顺序来写的，写了几层意思。现在的阅读教学，朗读指导非常到位，随处可见一咏三叹的深情朗读，但是，揣摩表达却做得不够，其实，揣摩表达也是写作训练的前奏、基础。学生通过思脉络，了解课文的表达顺序，写起作文来也就轻车熟路了。最后，思疑难，想想有哪些不懂的词、句和问题。这既是培养学生的问题意识，也是为上课深入学习、精彩生成做准备。为了便于进行反馈，教师要求学生把自己的问题写在课文相关内容的旁边，便于上课及时质疑问难。

（3）养成习惯是保证。预习是一种良好的学习习惯，它培养了学生自学习惯和自学能力，有效提高了学生独立思考问题的能力。为了帮助学生养成预习的习惯，在平时的教学过程中，语文教师可以采用以下方法：

第一，实行书头预习。许多学生对预习兴趣不浓，不能坚持到底，一个很重要的原因就是预习作业多，要求过于繁杂。为了简化预习环节，降低学生抄写负担，教师在平时的教学过程中，要求学生在预习时实行书头预习。所谓书头预习，就是将预习的成果在书头进行呈现。当然，书头预习并不是降低要求、流于形式。可以要求学生在书头预习时必须做到"五好"，即标好小节号、写好意思、做好摘抄、记好问题。学生对于这种简便易行的预习方式很感兴趣，时间一长，就很容易养成预习的习惯。

第二，注意形式多样。许多学生预习半途而废，还有一个很重要的原因，就是预习形式单一。教师在布置预习时，注意把预习与课外阅读结合起来。课本中许多课文是长篇作品的节选，大部分作者还有其他代表作品，许多文章的主题是相同或接近的，这就为有效开展课外阅读提供了大好契机。在布置预习作业时，要求学生收集、阅读相关的文章。这样做，从某种程度上，就迫使学生进行不间断的预习，进而养成习惯。

第三，做到每日反馈。为了帮助学生养成预习的习惯，在每天的语文课上，课程伊始可以安排检查预习的环节，做到每日反馈。让学生以小组为单位进行书头预习检查，初步交流预习中遇到的困惑。然后将小组无法解决的问题提交全班进行讨论。这样一来，就把预习和课堂学习有机结合起来，使新课的学习更有针对性。同时，也避免了学生检查预习中出现的许多不足，起到很好的督促作用。

2.进行科学的导入

作为一堂课开端的导入，对学生的情绪和整堂课起到引领作用。作为上课开始的导入，起着凝神、激趣、引题的作用，为后续的深入学习做充分准备。教师不能在上课伊始过分渲染、不分主次、偏离重点、过于牵强。在导入时，要用通俗易懂的语言表述，努力增强导入的针对性，发挥导入对整堂课的引领作用。就指向表达的导入而言，可以从以下三个方面着手，用通俗易懂的语言引入新课，增强导入的可操作性、针对性。

（1）铺垫内容。一般叙事性、说明性内容可以采用从内容着手的导入方法，课始交流与课义有关的内容，交代背景，拓宽视野，为学习课文做内容上的铺垫。

（2）蕴蓄情感。许多课文情真意切，催人泪下，导入时可以从学生相关的经历着手，蕴蓄情感，为深入学习做好情感准备。

（3）提示学法。如果已经学过同类型课文，可以从复习同类型课文导入，提示学法。当然，教师在预设导入方法时，要综合考虑学生、课文内容和教师的实际，在轻松愉快的氛围中，激起学生学习的强烈渴望，使课堂导入真正成为乐曲的引子、戏剧的序幕。

3.进行科学的初读

在阅读教学中，在深入学习课文之前，一般安排初读课文的环节，以帮助学生扫除字词障碍，了解课文内容，理清课文脉络，为深入学习课文做到充分准备。但是，许多教师在阅读课上安排初读环节时，要么放手让学生选读，要么要求不清，以致使初读课文流于形式，收效甚微，直接影响了后续的深入学习，以下情况需要引起注意：

（1）教师范读代替学生朗读。在课文第一课时的学习过程之中，尤其是在各种公开课、观摩课上，为了展示教师良好的语文素养，在初读课文环节，很多教师选择了教师范读的形式来取代学生朗读。实际上，从根本上而言，在初读环节，范读并不利于学生整体感知课文，理应把初读课文的权利还给学生。

第一，初读环节的范读人为地剥夺了学生的权利，是教师中心论的体现。在初读环节，学生面对一篇陌生的课文，如果没有深入预习，知之甚少。教师应该把属于学生的初读时间还给学生，让学生直面语言文字，捕捉相关信息，对课文有一个直接、全面的了解。

第二，教师范读并不能促使学生主动感知课文。从操作过程来看，范读表现为教师读学生听，学生被动接受。就其实质而言，范读忽略了学生主动参与这一必不可少的过程。教师应该引导学生带着任务，自己主动去朗读课文，通过多种感官和文本亲密接触，从而对课文有一个全面、初步的了解，为和文本深入对话奠定坚实的基础。

（2）表述含糊掩盖要求不清。让学生带着一定的任务去初读课文，可以提高初读的效率。因此，教师在安排初读前，要让学生清楚在初读时要完成哪些任务，可以是口头的，也可以是书面的。但是许多教师在进行安排学生初读时，任务表述过于笼统、含糊，以至于无法评价目标的实现度。有的教师要求学生"大声朗读课文"；有的要求学生"快速浏览课文，待会儿教师来交流"；还有的要求学生"自由朗读课文，看看产生哪些疑问"。这样的表述，在教师的阅读教学中或多或少地存在着。一些教师可能认为这是初读环节，学生对课文知之不多，布置许多任务，学生难以完成，不如让学生把课文通读一遍，至于其他方面的要求，待细读文本时再深究。

实际上，教师在进行教学预设时，要有很强的目标意识。通过这一环节的学习，要达到怎样的预期效果。如果连自己都不清楚目标指向，那就无法高效学习。上述种种笼统、含糊的要求，指向性不明，表述含糊掩盖要求不清，这就造成教师难以对学生的初读进行评价。"大声朗读课文""快速浏览课文"，实际上都是指的初读课文的方式，在初读的过程之中，究竟要做的内容，教师实际上没有涉及。

教师在安排初读环节时，要交代清楚学生要完成的任务：是理解词语意思，还是概括课文内容；是画出相关的句子，还是提炼小标题。如果要求较多，可以分条目呈现。还有，学生读完全文需要一定的时间，初读要求最好能呈现给学生，可以简要地写在黑板上，或用电教设备呈现。如果涉及数量，要具体说清楚，如读几遍、画几句、提几个问题、写几处批注。这样一来，学生在初读时，就知道该往哪个方向努力，达到怎样的程度，从而提高初读的实效。

4.进行科学的质疑

在中小学语文教学中，培养学生的问题意识得到越来越多的关注，语文课程，要充分激发学生的问题意识和进取精神。语文课上，培养学生问题意识已经成为语文课程的基本理念。在指向表达的语文课上培养学生的问题意可以从以下方面着手：

（1）聚焦课文——让学生善于提问。培养学生的问题意识，首先要帮助学生学会提问。引导学会从课文中善于发现问题，产生疑问。在语文课堂上，问题应该聚焦课文内容，贴近学生生活，避免问题大而不当、离题万里。

首先，课题质疑。课题起着概括内容、点明中心、交代背景等作用，是文章不可缺少的部分，学课文一般也是从课题开始的，引导学生学会提问先要从质疑课题着手。其次，课文质疑。课文内容是文本的主体，也是培养质疑能力的重点。在学习课文内容时，教师要始终把培养质疑能力放在重要位置，引导学生通过自读自悟、合作讨论，由浅入深地与文本对话，不断提出有价值的问题。最后，拓展质疑。在阅读教学中，如果就课文学课文，就会一叶障目，不见森林，就会限制了学生的发展。

（2）以问激问——让学生敢于提问。培养学生的问题意识，还要鼓励学生敢于提问。作为教师，要从学生长远发展的高度，鼓励学生敢于提问，不迷信书本和教师。实际上，教师以问激问可以让学生找回自信。学生普遍具有向师性，中小学生尤其如此，教师在他们心目中的地位是神圣的、不可替代的，他们敬佩教师，喜欢模仿教师。"教师一开始读课题，也和你们一样找不到问题。再仔细一读，教师产生了一个问题，小女孩是怎么摘花瓣的？你们再仔细读读课题，是不是和教师一样，也产生了新的问题？"教师的巧妙一激，让学生感到，原来教师是一开始也找不到问题，如果自己像教师一样再仔细读读课题，一定也能产生新的问题。

教师的示弱激问，可以为学生注入强心剂，学生充满自信，就会产生智慧的思维，质疑解疑的意识逐渐增强。在学生的面前，教师偶尔的"主动示弱"，可以调动学习兴趣，活跃课堂气氛，重塑学生信心。在学生困惑时，教师可以表达"教师一开始也和你们一样……"在学生精彩的发言前，教师可以表达"你比教师还……"。相信学生的眼里一定会闪出异样的光芒，重新找回自信，产生一种前所未有的成功感。

教师以问激问要注意适时、适度。适时，就是要把握时机。要在学生一时困惑，提不到有价值的问题，找不到对话切口的时候。此时教师的主动示弱，提供了质疑解疑的方法，打开了学生和文本对话的窗口，为学生找到了解读的钥匙，例如，"教师一开始读课题，也和你们一样找不到问题……你们再仔细读读课题，是不是和教师一样，也产生了新的问题"。适度就是要把握激问的尺度，不能让学生感觉到是教师的矫情造作。教师激问的问题，不能太简单，要有一定的思考价值，发挥应有的示范引领作用。学生在教师的帮助下，顺着教师的思路，很容易找到提问的方法，也像教师一样提出有价值的问题。教师适度激问，可以充分发挥教师的主导作用，也是其教学智慧的一种体现。

5.进行科学的指导

提高指向表达实施效率的关键是要充分发挥教师的指导作用，通过教师的有效指导，帮助学生选准内容、找准方法，科学实施，提高效率。在学生学习课文的过程之中，经常遇到学生理解失当、找不到与课文对话切口的情况。通常情况下，此时的学生一脸困惑，等待教师的点拨。这里的"点"主要指引导、启发、指导，"拨"主要是指纠正错误，得出正确结论，即拨错反正。这就是点拨式教学法。所谓点拨式教学法，就是引导、启发学生利用已知的原理和知识，经过逻辑推理，把错误的想法和结论纠正过来，得出正确结论和答案的教学方法。教师在点拨过程中，要把握住学生的心理及智力活动的水平，随时调整自己的教学行为，以实现教与学的统一、学生掌握知识与发展智能的统一。

中小学语文教师在教学过程中，要帮助学生启迪思维、指导方法、重塑信心、学会表达，使点拨成为指向表达的语文教学的一大亮点。下面主要探讨伙伴互助点拨。合作学习作为课程改革积极倡导的学习方式之一，在学生对课文的解读陷入困境的时候，教师可以把学习的主动权还给学生，采用小组合作学习的方式，让学生以6～8人组成学习小组，围绕困惑进行讨论，互相启发。把点拨的权利交到学生手中，让伙伴在合作学习中互相点拨。在进行伙伴互助时，首先，要明确讨论的问题。不能漫无目的、谈天说地。要聚焦困惑，多层次、多角度深入探讨。其次，要有序组织。要明确一名组长进行安排，给每个小组成员角色定位，如记录员、监督员等。各司其职，提高效率。要求在讨论的时候，要学会倾听，不随意打断别人的发言。最后，教师也要参与讨论。讨论的过程中，学生互相启发、取长补短，一定会碰撞出智慧的火花。

第二节　语文教学的生活化实施策略

一、调整"生活化"的语文教学内容

中小学语文"教学生活化"如果要想发挥真正的价值，"就要求教师能够对教学内容和生活素材进行良好整合，构建完整的体系，从而达到有效的教学"①。因此，在中小学语文"教学生活化"教学中，教师需要注意以下方面：

（一）依据教学内容选择生活素材

教材是教学内容的依据，中小学语文教材为教师提供了每堂课的基本教学内容，教师在进行中小学语文"教学生活化"前，需要对教材进行深入钻研，以此确定教学的方向，选择合适的生活素材。

1.明晰教学生活化的重难点

在中小学语文"教学生活化"中，教学内容的重难点往往更需要联系学生的生活，帮助学生理解，这就需要教师能够准确地领悟教材，确定哪些知识点是重点、哪些知识点是难点。如果教师无法区分教学的重难点，在课堂上花费过多的时间和精力，去讲解那些不重要或是容易理解的知识点，就会影响学生对重点、难点的理解和掌握，中小学语文"教学生活化"也就达不到预定的教学效果。例如，教师在讲与名人相关的课文时，教学的重点在于厘清人物事迹，教学的难点在于理解人物思想、领会人物精神，教师完全可以在以上两个方面大做文章，联系学生的实际生活，如将人物事迹与学生的实际生活的事例进行对比，或是让学生带着人物的思想进入生活等。而人物的相关背景或是其他相关人物、事迹等内容是次要的，教师只须一笔带过，让学生浅尝辄止即可。

2.从教材中掘出生活化内容

中小学语文"教学生活化"要求教师正确地解读教学内容，在教材已给出的生活化内容的基础上，去发现、挖掘出更多的生活化教学内容，使中小学语文"教学生活化"发

---

① 徐凤杰，刘湘，张金梅，等.小学语文教学生活化的策略与研究 [M].长春：吉林人民出版社，2021：241.

挥出更大的价值，以及更好的教学效果。需要强调的是，生活中的教学素材是广阔、无限的，教师不可随意选取自以为有趣、有价值的生活内容，一定要注意生活素材与教学内容的贴合度，并且，找到教材内容和生活的结合点，最后将两者进行良好的整合，共同为中小学语文"教学生活化"服务，使中小学语文"教学生活化"有意义、有深度。教师在进行教材整合时，可以灵活地将教材为"我"所用，各单元以内容组成了文本的专题，围绕学生生活，依据人与社会、人与自然、人与自我等方面进行编排，体现教学设计"贴近学生的语文生活"的理念。

此外，创生教材相对于整合教材较难，是在对教材进行深入理解、整合之后进行的，体现了教师对教材使用的较高水平。用得好，可以丰富教学内容；用得不好，则易产生累赘，偏离教学中心。中小学语文教师常用的创生教材的方法包括拆分、联合、增添等。①拆分。将教学内容拆分，不整体地呈现在学生面前，学生通过部分认识整体，其意图主要是吸引学生学习兴趣、突出教学重点、分散教学难点等。②联合。语文教材中使用了很多文言诗、文言文改写现代文的课文。在教授之前，教师可以将原文找到，将其作为辅助材料帮助学生理解教学内容。③增添。依据教学目标，在原文的基础上增添一些资源，可以是文本中的同类事物或人物，也可以是图片等。

3.明确生活素材广度与深度

生活素材的广度是指教学内容中涵盖关于生活素材的范围或是生活素材的量，即教师在一节语文课中所传输给学生的全部生活信息量。在中小学语文"教学生活化"中，教学内容的量和复杂程度与生活素材的广度有着密切的联系，如果教学内容较少、较简单，如一则寓言或是诗歌，教师就可以在课堂中频繁联系学生的实际生活，利用广泛的生活素材并通过让学生表演、表述生活的形式，调动课堂氛围，加深学生对相关知识的理解和记忆；如果教学内容较多、较复杂，教师就可以根据实际需要适当地结合学生的生活，在有必要的时候，通过生活实例去引导、启发学生。

生活素材的深度是指对生活素材的抽象概括水平，在实际教学中，相同的生活素材可以有不同的深度，生活素材的深度一般可以根据教学对象的思维、认知发展水平以及已有的生活经验去确定。例如，对于低年龄段学生而言，其思维、认知发展水平尚不成熟，生活经验也比较少，教师将教学内容与生活素材进行整合时就应该足够简单、直白，如讲关于亲情的文章时，可以让学生联想自己的家人；讲关于景色的文章时，可以让学生联想自己在生活中看过的事物等。对于高年龄段学生而言，其思维、认知发展水平已经比较成熟，生活经验也较丰富，教师将教学内容与生活素材进行整合时就可以比较间接、抽象，如通过课文中的表现手法，让学生去描绘生活中的事情，或是让学生自己从生活中找出与教学内容相关的实例。

（二）从实际生活中筛选语文教学内容

语文源于生活，生活处处有语文，中小学语文"教学生活化"要求学生能够在生活中学习语文、在学习语文中发现生活，而教师作为实施中小学语文"教学生活化"的主体，是学生进行语文生活化学习的引导者和带路人，应积极地引导学生关注生活、关注生活中出现的语文问题，这就需要教师自身就要拥有一个热爱生活的心灵，以及一双善于观察生活的眼睛。因此，在中小学语文"教学生活化"中，在平时生活中，教师必须对生活中的语文知识保持敏感，随时随地积累广泛的生活教学素材，并且进行细致的研究和合理的分类，最后能够在具体的实践中，对这些素材进行灵活的选择，使之更好地为教学内容服务。

例如，语文教师可以根据当下的生活场景，如天气、季节、节日等不同的情形，让学生回忆所学的相关课文、诗词；或是让全班学生每日轮流写在生活中看过的好词、好句，并让其他同学观察有无错别字、病句；或是在运动会、文艺演出期间，让学生通过"观察日记"的方式记录每日的心情、感受，并在全班进行分享；或是在全班征集活动口号、介绍等，不断地抓住语文知识与生活的最佳结合点，充分展示学生的听、说、读、写能力和创新能力。如此一来，不仅可以带领学生复习、巩固曾经学过的语文知识，而且也能间接地引导学生学以致用，培养学生对语文知识的应用意识和能力，使得学生可以在不知不觉中察觉到，学习语文并非单纯地为了应付考试，让学生能够发现生活中的语文，与语文建立亲密的关系，进而不断地激发学生对语文的学习热情和对语文知识的探索渴望。

二、创设"生活化"的语文教学情境

创设符合学情的生活化情境，具体是指语文教师针对学生当前需要掌握的知识内容，通过借助具体直观的材料、图片、音乐等资源建构社会生活中的情境，以此来激发学生的学习兴趣、丰富生活的独特体验、提升学习的成就感，完成对语文知识的建构。之所以要在创设生活化情境中加入"符合学情"四个字，是为了优化这一策略，因为其在具体实施中的问题仍不容小觑，主要表现为资源利用泛滥、课件成了主角、表演代替体验，课堂成了舞台等。"符合学情"的生活化情境，彰显以满足学生学习需求、解决学生学习困难为根本，以谨防课堂开放过度、"形式化"教学现象。

（一）以关注学生的需要作为前提

根据马斯洛的需要层次理论，人的各种需要由低到高分为七个等级，这七个等级包括生理的需要、安全的需要、归属和爱的需要、自尊的需要、认知和理解的需要、审美的需要和自我实现的需要。根据其强度的不同，可以将它们分别置于不同的需要层次上。只有当低级的需要得到满足后，更高层次的需要才会产生。这就给教师教学带来了启示，即在课堂教学中，教师要营造良好的学习环境，了解学生的日常状况，着重关注学生的特定需要、妥善地安排学生作息等。在满足了学生的需要之后，学生对语文学习的兴趣和动机更强。如何关注学生的需要，宏观上，语文教师应做一个有心人，多观察、多思考、多倾听、多研究，可以在教学中开展个案研究、问卷调查，深入学生内部，掌握第一手资料。微观上，针对一节语文课，可以采用预习单的形式了解学生对知识的掌握情况和困难所在之处。

（二）以选择"创设形式"作为支撑

常用的"创设形式"有问题情境、表演情境、游戏情境、实践情境等，各形式均有其优点，中小学语文教师，可以结合学生的实际需要和教材内容进行选择。

1.创设生活化的问题情境

问题情境是语文学习论的基本概念之一，是由个体面临的语文问题，以及它所具有的相关经验所构成的系统。在这里，同样适用于语文的教学，"生活问题情境"便可以概括为，教师在"教学生活化"过程中，立足于学生已有的生活经验，使学生置身于与生活相关的问题氛围之中，结合相关语文知识，启发学生提出问题、分析问题，最后解决问题。通过创设生活化问题情境，可以激发学生的探知渴望，促进学生理解并运用知识，在中小学语文教学生活中，教师可以根据实际需要，进行不同类型的生活化问题情境创设，具体的方式包括"悬念式"生活化问题情境、"探究式"生活化问题情境、"辐射式"生活化问题情境、"活动式"生活化问题情境等。

（1）"悬念式"生活化问题情境。在中小学语文教学生活中，"悬念式"生活化问题情境就是教师针对选取的生活素材与教学内容进行整合，用生动的语言、合理的形式在课堂中呈现出来，并且该素材的呈现能够留有余地，在学生心中产生悬念，达到激发学生求知渴望的目的。

（2）"探究式"生活化问题情境。中小学语文要让学生在探究中完成语文知识的构建，在中小学语文教学生活中，教师需要认清学生当前的认知水平，结合与教学内容相关的一系列循序渐进的问题，启发、鼓励学生在此基础上不断地探究问题，最后在此过程中，构建相关知识，形成相关能力。例如，在学习与昆虫有关的汉字的时候，教师可以先为学生呈现各种昆虫的图片，让学生读出昆虫的名字，再展示对应的汉字，让学生观察这些汉字，找到它们的共性，逐渐将探究活动过渡至让学生发现汉字的规律。因为有了具体情境的影响，学生对相关规律的发现过程就会变得非常迅速、顺利。

（3）"辐射式"生活化问题情境。语文教学要加强对学生发散性思维的培养，而在中小学语文教学生活中，创设"辐射式"生活化问题情境，便是对学生发散性思维培养的有效途径。教师可以某一语文知识点为中心，以此提出更多的、角度不同的问题，让学生在较短的时间内迅速了解与该知识点有关的各种知识，在了解该知识点的外延后，对该知识的内涵产生更深刻的理解。

（4）"活动式"生活化问题情境。在中小学语文教学生活化之中，所谓"活动式"生活化问题情境的创设，是指教师带领学生参与各种语文实践活动，辅以环环相扣的一系列问题，让学生在活动中，运用双手，亲身解决问题，提升实践能力。各类生活化问题情境的创设，体现了中小学语文教学"让生活走向语文，由语文走向生活"的教学理念，学生在生活化的问题情境中对语文知识进行不断的探索和深入的理解，以此构建语文知识，提升语文能力。

2.创设生活化的表演情境

创设生活化的表演情境是指结合学生实际进行情境创设，让学生以表演的形式体验生活，加深对事物的认识和理解，解决生活中的实际问题。例如，在口语交际"商量"的教学中，教师可以根据课本中的生活化的情境，在课堂中组织学生结合这些情境进行表演，让学生在表演和观看中学习"商量"。

3.创设生活化的游戏情境

创设生活化的游戏情境是指在教学过程中，为了增加学生对于学习的兴趣和参与度，设计一些与教学内容相关的游戏场景，使学生能够在游戏中积极参与，并通过游戏的方式来体验学习的乐趣，以达到寓教于乐的目的。这种情境的设计要求教师根据学生的年龄、兴趣、认知水平等因素，结合教学目标和内容，精心设计游戏环节。通过游戏情境的创设，可以使学生更加主动地参与到学习中，培养他们的合作意识、创造力、解决问题的能力等综合素养。

在创设生活化的游戏情境中，教师可以运用各种游戏的元素，如角色扮演、闯关、任务完成等，与教学内容结合起来，使学生在游戏中逐步掌握和运用所学的知识和技能。例如，在数学教学之中，可以设计数学问题解决的游戏，让学生在游戏中，进行实际计算和推理，提高他们的数学思维能力。在语文教学中，可以设计阅读理解游戏，让学生通过游戏中的角色扮演和情节推测等方式，提升阅读理解和表达能力。另外，创设生活化的游戏情境需要教师具备一定的教学设计能力和创新意识。教师应根据学生的特点和学科的特点，结合游戏的规则和机制，合理安排游戏的难度和挑战，确保游戏情境既有足够的吸引力和挑战性，又能够顺利达到教学目标。

总而言之，通过创设生活化的游戏情境，学生可以在轻松愉快的氛围中进行学习，激发他们的学习兴趣和学习动力，增强他们的学习体验和记忆效果。同时，学生在游戏中也可以培养团队协作能力、自主学习能力和问题解决能力，提高他们的综合素质和能力水平。

4.创设生活化的实践情境

创设生活化的实践情境是指教师在教学过程中，根据教学内容和学生的学习特点，组织学生参加与实际生活相关的实践活动。这些实践活动可以在课堂上进行，也可以在课下组织，旨在让学生通过亲身实践和体验，将所学的知识和技能应用于实际生活中，加深对知识的理解和掌握。创设生活化的实践情境要求教师充分了解学生的兴趣、经验和学习背景，结合教学目标和内容，设计具有实践性的任务和活动。这些任务以及活动可以是小组合作探究、实地考察、模拟实验、社区服务等形式，以培养学生的实践能力、动手能力和解决问题的能力。

在创设生活化的实践情境中，教师可以引导学生通过实践活动，探索问题、解决问题，并及时给予反馈和指导。例如，在科学教学中，可以组织学生进行实验观察，让他们亲自操作实验装置，观察实验的现象，分析实验结果，培养他们的科学思维和实验技能。在社会学习中，可以组织学生参观社区机构，了解社会运行机制，培养他们的社会责任感和公民意识。

总而言之，通过创设生活化的实践情境，学生可以将学习与实际生活结合起来，提高他们对所学知识的应用能力和实际解决问题的能力。实践活动的参与也可以增强学生的自信心和主动性，激发他们对学习的兴趣和热情。此外，实践活动还能促进学生的交流与合作，培养他们的团队意识和人际交往能力，全面提升学生的综合素质和能力水平。

（三）以丰富的语文课程资源作为辅助

建构生活化的语文课堂需要大力开发、合理利用语文课程资源，各地都蕴藏着多种语文课程资源。学校要有强烈的资源意识，认真分析本地和本校的特点，充分利用已有的资源，积极开发潜在的资源，特别是人的资源因素和在课程实施过程中生成的资源因素。最显性的课内资源就是语文教材，中小学语文教材中，有很多情境图、表音表情图，极富趣味性、形象性和生活性。中小学语文教师要充分利用这些资源，实现教学功能的多样化。在教授学生发音时，可以学生自身为资源，使用好三个小帮手，即耳朵、眼睛和小手；在教学拼读时，使用教（学）具——拼音卡片，帮助学生练习拼读。需要注意的是，课程资源是用来帮助学生认识事物、获取知识的一种辅助工具或方式，切不可为了教学形式而忽略学生实际进行使用。

三、健全"生活化"的语文教学方法

如果想要实施中小学语文"教学生活化"，中小学语文教师就应该改进传统语文教学方法，丰富语文教学形式，让学生在学校内，在生活中，在自主学习、合作探究中获得语文知识与技能。对于中小学生而言，特别是中小学低年级学生而言，学习语文不等于背语文、练语文、考语文，而是"做语文"。中小学生学习语文的过程，应该是一种"做"的过程，而非单纯的听、说、读、写，只有在体验生活与实践中学习语文，才能真正了解语文，并且理解语文知识，并逐步培养学以致用的能力。通过以下教学方法，可以有效促进语文"教学生活化"，发挥中小学语文"教学生活化"的最佳教学效果。

（一）通过自主合作探究语文教学知识

自主合作探究教学是一种引导学生通过先独立、后合作探究的方式建构知识的创造性学习活动，在激发全体学生学习兴趣、增进学生间情感、培养创新能力及合作能力等方面有着不可忽视的积极作用。自主合作探究在中小学语文"教学生活化"中主要有以下教学策略：

1.增强自主学习语文的意识

自主合作探究教学法的第一步，就是让学生自主学习语文并提出问题，包括课前自主预习、课上自主思考发言、课下自主学习语文。课前自主预习对课堂教学有很大的影响，课前自主预习的好坏程度决定着学生接受、理解新知的程度。由于学生个体间存在较大的差异，学生对课文的兴趣点、倾向性是不同的，因此，课前预习的内容会有很大的不确定性。例如，有的学生会关注课文的作者，有的学生对课文内容更有兴趣，在这种情况下，教师不应过分地干预学生的课前自主预习，强制性地布置一些预习任务，而应积极鼓励学生根据自己感兴趣的话题自主学习课文。

教师在课堂中增加学生自主思考发言的机会，可以充分调动学生学习语文的内在驱动力，营造轻松和谐的自主学习氛围。在课堂中，教师应让学生根据学习内容进行思考，主动提出自己的疑问，重视、包容每一个学生的课堂发言，把语文课堂交还给学生，让每一个学生能够真正地参与每一个语文学习环节，形成相应的语文能力。

自主学习语文是课堂语文学习的延续，然而中小学生的自控能力较差，课下缺乏教师的监督，自主学习语文习惯的养成是一个长期的过程。传统的语文课下，任务侧重于语文知识点的机械重复，更不利于学生课下语文学习习惯的培养。因此，教师应改变课后语文任务的形式和侧重点，缩减背诵、抄写、默写等语文学习模式，增加主观性的、能够结合个体生活的课后作业，以此激发学生的学习热情，养成在生活中自主学习语文的习惯。

2.创设契机培养探究的意识

合作探究学习是现代语文教学的重要教学形式，同时也是中小学语文"教学生活化"所积极倡导的。合作探究模式下的语文学习能够使语文充满活力，并适当地激发学生在合作探究中竞争学习的意识。在自主学习的基础上，学生已经能够针对学习内容提出自己的问题，合作探究学习便是要求学生相互之间交流各自的问题，并共同探索问题，通过合作的力量，最终解决问题。合作探究学习的形式可以是师生合作探究、同桌合作探究、小组合作探究，在中小学语文"教学生活化"中，教师在指导时就可以从生活的例子出发，探索生活的问题，解决生活的问题。

教师在组织学生进行合作探究学习时，首先，要设置合理的组员人数。通常情况下，组员人数过少，交流的信息量就会被压缩；而组员人数过多，成员的参与度就会受到限制。因此，合理的组员人数有利于保障交流的多样性，也能够让小组内每个成员都参与到讨论中。其次，教师需要确定合作探究的内容。确定小组交流的主题是合作探究学习顺利开展的前提，如果合作探究的主题模糊不清，或者主题牵扯范围过大，就会导致合作探究缺乏明确的方向。因此，教师需要对教学内容进行深入的研究，找出教学内容中适宜组织学生共同探讨并贴近学生生活实际的话题，激励学生有感而发，在合作探究中培养学生的创造力和想象力。最后，教师需要做好合作探究的评价。激励性的评价能够有效激发学生的学习积极性，对于学生合作探究的成果要以鼓励为主，让学生多体验成功的滋味，调动学生的合作探究热情。与此同时，教师还应清晰地认识到，小组合作探究活动的顺利展开，建立在每个小组成员共同努力的基础上。因此，在进行评价时，教师要将对小组整体的评价与对小组成员个人的评价结合起来，对每一位成员的参与程度、合作能力、创造能力等方面进行适当的评价，肯定每一个学生所做出的努力。

（二）运用生活化的教学语言进行表达

教学语言是教师进行教育教学的重要手段，是表达和传递知识的主要工具。对于中小学生而言，中小学语文教学内容比较抽象，难以理解，这就需要教师用通俗易懂的、贴近学生生活的教学语言来表达语文知识，使得学生更容易理解。简单的语文游戏，不仅可以促进学生的积极参与，而且还能培养学生的合作意识和责任意识，让学生体会成功的喜悦，更重要的是学生可以在游戏中体会语文价值，领悟语文知识。教师通过语文游戏的方式进行教学，不但符合学生的语言规律，而且还能提高教学质量，提高学生的语文能力。

第三节 语文教学的读写结合策略

中小学阶段对于学生而言，是他们接受知识、积累知识的开端。语文是中小学阶段教育体系中的基础学科，影响着学生的全面发展。但是在实际中小学语文教学中，教师受传统观念的影响，过于重视学生对基础知识的掌握，无法切实培养学生的综合素质，进而影响了实际教学目标的实现。"因此，教师应结合现阶段教学中存在的问题，积极思考有效的教学策略,促进读写结合教学模式的开展,并实现高效教学模式的构建。"[①]

核心素养的本质是人才的培养标准,是学生在成长的过程中具备适应社会发展的能力与品格。在如今的课堂教学中,许多教师是在核心素养理念下对学生进行培养的,并应用了核心素养与实际教学结合起来的模式,这样的教学模式有效转变了单纯知识讲解的现状,并更好地推动了学生的发展。根据中小学语文教学的特点,教师在教学的过程中应构建语文读写结合模式,培养学生的语文学科核心素养。语文教材中的知识构思精巧,能使学生在学习语文知识的过程中,积累佳句、名篇等。教师要深入研究教材,采用读写结合教学模式,引导学生通过写作表达自身情感,并通过写作训练活动的有效实施,让学生表达的层次获得稳步提升,进而,最终达到读写结合的教学效果。基于核心素养的中小学语文读写结合策略具体如下:

一、积累写作素材

阅读是中小学语文课程教学活动中的关键部分,同时也是学生素养提升的基础。学生只有通过不断阅读,才能提高自身的语言能力,并且强化语言表达能力。在阅读过程中,学生能积累大量的写作素材,其阅读面也能够获得拓展,无形之中推动写作能力的提高。中小学阶段的学生正处于发展的初期,所以教师应在教学中应用多元方式,以阅读为媒介,不断促进学生写作水平的提高。

二、抒发学生情感

作为中小学阶段语文课程教学中的关键,写作对学生的语文素养提升必不可少,学生自身的写作水平能够直接映射其对语文知识的掌握程度,同时,写作也是对学生思维能力及语言知识应用能力进行培养的重要过程。在中小学阶段的语文学习过程中,学生只有自己动笔操作,才可以提升组织语言的能力,并提高写作自觉性,让写作兴趣得到激发。教师可以结合阅读文本,以写作为辅助方式,引导学生抒发自身情感。

三、实现读写结合

教师在实际教学活动中,应重视对学生的读写综合能力进行培养,促使学生更好地积累词句。阅读与写作是密不可分的,教师在对中小学阶段学生的素养进行培养时,应将阅读与写作置于同样重要的地位,重视学生阅读与写作能力的双重提高。同时,教师应引导学生突破课本教材的限制,通过多元化教学方式的引入,帮助学生掌握、学习大量的知识,根据学生的思维发展,有效促进其读写能力的结合。

---

① 吕倩云 . 基于核心素养的小学语文读写结合策略探究 [J]. 名师在线,2022(20):49.

四、积累丰富语言

中小学阶段的学生有着较强的模仿能力。学生模仿能力的形成最初是模仿身边人的言谈举止，经过学校的生活与学习，其在学习的过程中也逐渐提升了模仿能力。鉴于此，教师在中小学语文读写结合教学中，可以充分结合学生自身的特点，促使学生结合所阅读的文本知识，开展有效的仿写活动，进而丰富其语言积累。

第四节　语文教学中个性化作业的设计思考

对中小学语文作业进行个性化设计的过程中，教师不仅应加强与学生之间的互动、交流，以此来更细致、全面地了解学生的兴趣爱好、学习发展需求等，同时更要对核心素养理念的内涵进行科学的解读，对中小学语文教学内容进行深刻的分析、挖掘，以此设计出更具深度、更具个性化的课后作业。关于语文个性化作业设计思考，教师需要注意以下方面：

一、重视作业内容的合理规划，实现内容多元化

课后作业环节是中小学语文课堂教学的重要环节，是对学生课堂学习内容掌握情况的检验与巩固。因此，教师在对课后作业进行个性化设计时，就应从作业的内容层面着手，通过作业内容的合理规划来进行课后作业的多元化、个性化设计。教师应针对学生语言能力的培养，设计具有多元化语言训练内容的个性化作业。语言构建能力、语言运用能力是中小学语文核心素养体系中最为基础的素质能力，教师在核心素养指引下，对中小学语文个性化作业进行设计时，就应注重学生语言能力、良好语感的培养。

例如，在语文核心素养体系中，语感是在知识积累中逐渐形成的，因此，教师就可以在中小学语文课后作业中进行读写积累类型作业的设计。如布置每天打卡的课外阅读任务，设计采集具有积累性的词语、句段摘抄任务等，以此丰富学生的知识积累，拓展学生的知识视野。同时，教师应针对学生思维能力的培养，设计出具有启发性、开放性的中小学语文个性化作业。思维能力作为核心素养体系的重要部分，教师还应注重相关思维类课后作业的布置，以此实现学生思维能力的引导，实现学生思维能力的提升。

二、注重学习主体的地位，实现层次性作业设计

在新课程改革的背景下，学生已经成为课堂教学的学习主体，任何教学活动、教学设

计都应围绕学生的具体学情进行，只有这样，才能提升课堂教学的有效性，实现学生核心素养的培养。因此，在核心素养下的中小学语文课后作业环节中，教师就应充分认识到班级内学生的具体学情，并根据学生学习层次的划分情况来对课后作业进行层次性、针对性的设计，以此满足不同层次学生的学习需求，实现学生学科核心素养的整体提升。

第一，教师可以根据学生的学习层次，在作业的数量上进行差异性设计。例如，为学习基础差的学生布置更多抄写类、记忆类等基础性的作业，以此夯实学生的知识基础。而学习基础好的学生，则没有必要进行基础类作业的完成，教师可以为其设计一些具有开放性、拓展性的作业，使其在实践性的运用中获得更为良好的发展。

第二，教师可以根据班级内学生的学习层次，在作业的难度方面设计具有开放性、梯度性的课后作业，以此满足各个学习层次学生的发展需求。例如，在教完《精卫填海》一课后，教师就可以设计具有梯度的、开放性的个性化作业：①根据自己的理解进行故事的复述；②展开自己的想象，对精卫具备的良好品格进行深入分析与总结；③结合自己的阅读感受，进行读后感的写作。这样学生就能根据自己的学习层次，自由地选择感兴趣的作业进行完成，在对作业进行完成的过程中，不仅获得了相应核心素养能力的培养，同时也增强了完成作业的积极性和学习自信心。

三、重视语文作业形式的创新，实现形式多元化

在中小学语文的课后作业环节中，以往单一、僵化的作业形式是导致学生作业积极性缺失、核心素养培养效率低下的重要原因之一。因此，在对课后作业进行优化、个性化设计的过程中，教师就应该注重作业形式的多元化拓展，使学生在对多元化课后作业的完成中，实现学习积极性的提升以及核心素养的全面培养。

第一，在传统的书面作业以及口头作业的基础上，教师还应发挥自己的创新思维，布置具有开放性、探究类的作业形式。例如，在教学《将相和》一课时，教师就可以通过翻转课堂教学模式的实施，为学生布置"文中人物都具有怎样的性格特点，分别从哪些细节描写之中体现出来"的探究性作业，使学生能通过学习平台进行课下的合作探究学习，这样不仅将合作探究的活动延伸至课外，节约了课堂教学时间，同时，更使学生能通过探究类作业的完成实现自身综合素养的提升。

第二，教师可以结合学生的现实生活进行实践性、人文类语文作业的设计。语文是一门具有实用性的课程，很多知识都与学生熟悉的现实生活息息相关。因此，教师在对中小学语文个性化作业进行设计的时候，就应注重语文学科特点的结合，设计一些具有生活化、实践性的语文作业，以此增强学生的实践能力和学以致用意识。

四、重视语文作业评价的优化，促进设计有效性

作业评价、批改是课后作业中最后的一个环节，能集中体现学生的作业情况，同时对学生学习积极性的激发意义重大。因此，在对中小学语文课后环节进行优化的过程中，教师就应该在作业的批改、评价环节中进行评价标准、批改方式、评价主体等方面的优化、完善。如教师对学生的作业进行批改评语时，应注重评语的针对性和个性化，这样一来，不仅有助于拉近师生之间的距离，同时也能激发学生完成作业的积极性，实现课后作业环节有效性的提升。

总而言之，课后作业环节是中小学语文教学中重要的教学环节，课后作业的科学、个性化设计是促进学生语文核心素养培养的重要途径。因此，教师应在核心素养理念的指引下，积极地树立科学作业观，并从内容、难度、形式以及评价等方面对课后作业进行个性化、多元化的设计与创新，使学生的语文核心素养在课后作业环节得到实践与提升，促进中小学语文教学目标的实现。

第六章 中小学语文教学的实践应用与延展

第一节 语文教学管理的实践应用

"优化课堂管理能进一步促进教育事业的发展"[1]，语文教学管理是保障课堂教学有效实施的活动，对于提高教学质量、促进学生发展具有十分重要的作用。了解语文教学管理的内涵、类型与意义，弄清楚语文教学管理的基本特点，明确其理论基础和需要遵循的原则，有助于语文教学管理的顺利进行。

一、语文教学管理的原则

课堂教学管理有其内在的机制与规律，要有效实现语文教学管理的目标，就必须遵循课堂教学管理的实践原则。语文教学管理的实践原则不仅与课堂教学管理目标有关，而且与课堂系统的特征直接相关。语文教学管理的原则，具体内容如下：

（一）自组织原则

自组织现象，是指自然或客观事物本身自主地组织化、有序化的过程。对于组织的认识需要教师一开始就假定教师、学生、课程和原料一道进入的是一个全新的场景。对于教师而言，语文教学管理的目标，是通过怎样的方法使学生能养成自我管理的好习惯，教师并不是在"转让"知识或技巧给学生，而是努力想让学生进入自己的世界，让自己进入学生的世界，因而和学生共享一个世界。课堂的进展过程，实际上就是在寻求新的信息，不断从事与创造有意义的对话，不断实现新的连接的过程，这种过程本身是自然发展着的。但在传统的语文教学管理中，教师常常根据自己的判断试图给课堂加上一些人为的框架，于是课堂并不能很好地与之对应，而必须经常加以限制直至它能管理这些框架，因而，在课堂教学管理中，容易出现单向的专断性控制。

---

[1] 高勇. 新课改背景下中小学语文课堂教学管理策略研究 [J]. 新课程·下旬，2019（4）：237.

（二）系统性原则

课堂系统是由内在联系的特定要素构成的有机统一的整体。把课堂视为一个系统，其构成因素是较为复杂的，既有物质的，也有非物质的，即精神或是心理上的；既有有形的，也有无形的。这样一个多因素构成的系统，只有在各因素协调一致时，课堂才会产生根本作用。因此，教师作为一个课堂教学的管理者，应具备全局的观念，从系统整体对课堂系统的各个方面进行规划与调整，以便把各种因素有机地协调为一个整体，发挥更有效的功能。出现课堂问题时，要从课堂的整体来分析与把握，从问题与环境，时间、空间与场合，得与失，利与害，个人与集体，社会、历史、现实与未来，自我与非我等多方面的关系中形成一个全面而正确的认识。

（三）动态性原则

语文教学管理并不是在既定框架下的静态管理过程，而是动态的、不断发展变化的过程。因此，要用变化的眼光看待课堂问题，以发展的视角进行课堂管理。对于课堂中的问题，要进行动态的考察。所有的存在都有其变动的流程。现行的状况虽然与过去有着逻辑关联，并对未来产生一定程度的影响，但它主要是对现在的反映，不能说明未来的必然状态。课堂环境时时都在变迁，课堂成员时时都在发展，影响课堂的因素总处于变化之中。因而，要从发展的角度看待课堂中的问题与矛盾，要从变化的视角认识课堂的进展、停滞与挫折。坚信学生具有潜在发展的可能，是可以获得完整发展的。只有当一切问题皆处于动态的审视之中，才能有效实施课堂教学管理。

二、语文教学管理的类型

长期以来人们进行了多种多样的语文教学管理的实践，总结了丰富多样的课堂管理经验。以下探讨一些比较典型的语文教学管理类型：

（一）权威型管理

教师的管理乃是控制学生在教室里的行为。教师的角色是在教室中树立一种规矩，而且能使每个学生遵守。这种管理模式强调规则的尊严。在这种管理模式中，整个课堂完全是由教师负责的，因而，教师负有控制学生课堂行为的全部责任，而教师控制学生行为通常是通过建立和强化课堂规则和有关规定来实现的。因此，课堂教学管理过程，被视为教师对学生课堂行为的控制过程，强调教师对于运用控制策略建立和维持课堂秩序的重要作用，而且较多地采用主控的方式来控制学生，规则倾向于周密而严谨，约束多，而弹性少。权威型课堂管理强调规则、指令与要求，注重惩罚和控制。

（二）放任型管理

放任型管理类型的教师意识淡薄，工作责任心较差。这些教师在课堂上表现为只关注自己的讲课过程，而忽视学习效果和学生的实际需求。他们倾向于采取放任自流的方式，缺乏对学生的关注和积极的课堂管理要求。这种管理风格，可能对学生的学习产生不良影响，导致学生学习动力的下降和教学效果的降低。放任型管理类型的教师通常缺乏对学生学习过程中出现问题的关注和关心。他们可能不主动了解学生的学习情况和需求，对学生的困惑和困难漠不关心，缺乏提供帮助和指导的积极性。这使得学生在学习过程中感到无助和被忽视，无法得到及时的支持和解决问题的机会。

此外，放任型管理类型的教师也没有积极的课堂管理要求。他们可能缺乏对学生的纪律和秩序的关注，对学生的行为表现漠不关心。这种态度可能导致课堂秩序混乱，学生无法集中注意力，学习效果受到影响。同时，缺乏明确的管理要求也使得学生在学习中缺乏目标和规范，容易产生消极的学习态度和行为。针对放任型管理类型的教师，有必要提高他们的教育意识和责任心。这可以通过专业培训、教育研讨和反思实践经验等方式来实现。教师应该认识到他们的角色不仅仅是知识传授者，更是学生学习过程中的指导者和支持者。他们应该积极关注学生的学习需求，主动与学生互动和沟通，关心并解决学生在学习过程中遇到的问题。

（三）独断型管理

独断型管理类型的教师对学生的课堂表现要求严厉，但这种要求往往只根据教师个人的主观好恶确定，忽视学生的具体实际和教学目标的具体要求。在独断型管理的课堂上，学生的意见得不到充分发表，且学生往往有一种紧张感、压抑感，容易导致课堂管理的形式主义倾向，教学效果降低。

（四）理智型管理

运用理智型这一管理方式的教师在教学活动中，教学目标非常明确具体，对每一教学过程都安排得科学、严谨、有条不紊，并且能采用相宜的教学方法，何时讲述、何时板书、何时让学生自己思考、何时练习等都安排得非常妥帖。同时，善于根据学生在学习过程中的各种反馈（表情、态度、问答、练习等）调整教学内容的难易程度，并掌握好教学进程。总而言之，这种管理体现出教师在教学活动中高超的技能技巧，以及教学活动的科学性；学生的学习活动完全在教师的把握之中，学生认真专注地紧跟教师的思路进行学习并敬佩自己的教师，课堂气氛显得较为庄重、严肃。

（五）行为型管理

行为型课堂管理基于行为心理学原则，认为无论是良好行为还是不良行为，都是通过学习获得的。学生之所以有不良行为，要么是因为他已经习得了不良行为，要么是因为他尚未习得正常行为。行为型课堂管理这一模式坚持两个主要的假设，即学生受行为过程的制约，学习在很大程度上受环境的影响。因而，教师的主要任务在于掌握和运用行为主义原则对学生的课堂行为正确实施积极强化和消极强化，鼓励、发展期望行为，削弱、消退非期望行为。行为型课堂管理强调榜样力量、行为强化和心理辅导。

三、语文教学管理的意义

良好的语文教学管理是保证课堂教学活动顺利进行和促进课堂不断生长的动力。语文教学管理的意义可以归纳为以下方面：

（一）语文教学管理是提高教学质量的保证

课堂既是学生学习和活动的场所，也是学生人格社会化发展和成长的主阵地。为了使各种课堂教学活动有计划、有效率地开展，课堂就必须维持一定的秩序与常规。但由于课堂活动过程中经常会出现各种新的问题，产生各种矛盾，发生各种偶发的干扰事件，使课堂教学活动的正常进行受到干扰，因此，及时预见并排除各种干扰课堂教学活动的不利因素，有效维持正常的课堂活动秩序，对于课堂教学活动的进行具有重要意义。大凡有经验的教师无不十分重视语文教学管理，有效的语文教学管理也是搞好教学的保证，它可以为教师的教和学生的学创造一个良好的氛围与环境，使师生关系趋于和谐，教学活动得以顺利开展，从而确保教学任务的完成和教学质量的提高。

（二）语文教学管理可以减少课堂问题行为

学生的课堂问题行为可以分为外向性问题行为和内向性问题行为。外向性问题行为包括但不限于以下情况：学生的嘈杂和打扰，例如，大声喧哗、互相交谈、打闹等；频繁离开座位和走动，如走来走去、到处溜达等；对教师的指令和规定不遵守，如违反课堂纪律、不按时交作业等；与同学之间的冲突和争吵，例如，互相斗嘴、打架等；使用手机和其他电子设备，导致分散注意力和缺乏专注。而内向性问题行为则更隐蔽，不容易被教师和同学察觉到。这些行为可能表现为学生的退缩、沉默、不积极参与课堂活动，对问题的回答不自信或回避，不愿与他人交流和合作等。内向性问题行为可能源于学生的自卑、焦虑、社交障碍等因素，导致他们在课堂上表现出退缩和回避的行为。

针对外向性问题行为，教师可以采取积极的课堂管理策略，如设立明确的纪律规定和行为准则，及时制止和引导学生的不当行为，建立积极的奖惩机制等，以维护课堂秩序和教学效果。对于内向性问题行为，教师需要敏感并关注学生的情感和心理状态。他们可以采取温暖、支持和鼓励的方式，积极引导学生参与课堂活动，提供适当的帮助和支持，鼓励学生表达自己的想法和观点，培养学生的自信心和合作能力。此外，教师还可以与学生进行个别交流和辅导，了解他们的困扰和问题，提供个性化的帮助和支持，帮助他们克服内向性问题行为，积极参与课堂学习和社交活动。

（三）语文教学管理促进教学的持续性生长

课堂教学活动的最终目的是促进师生共同发展。"教学相长"在今天看来，其含义就是指教师与学生的相互影响和相互作用会促进彼此的进步。二者的进步当然离不开良好的课堂教学环境，只有课堂在生长，课堂中的人才能得到生长。课堂的生长是课堂中人的生长的前提，同时，课堂的生长又为人的生长创造了条件。促进课堂的生长，增强语文教学管理的指向性功能，也是语文教学管理的基本目标。语文教学管理就是要调动各种可能的因素，开掘课堂的活力，发挥其生长功能。如果失去了这一生长功能，课堂气氛就会变得单调，课堂缺乏应有的活力，从而也谈不上促进人的发展。

第二节　语文教学激发的实践应用

语文教学是教师和学生共同参与的活动，教师教学的效果不仅取决于教师本身"教"的质量，同时也从很大的程度上依赖于教师是否能够激发学生的学习动机，使学生真正走进课堂，主动参与语文教学活动。

一、语文教学激发的原则

在语文教学中，对学生的激发，应遵循以下原则：

第一，目的性原则。任何激励都是有一定的目的的。对学生的激励也是如此，只有明确的目的，激励才有价值。首先，激励的目的必须明确。课堂管理应该通过激励明确地反映出来。如果没有明确的激励目的，学生就很难领会教师的意图，达不到激励的目的。其次，某一时期的激励目的必须明确。对学生的激励是课堂管理工作中经常采用的手段，但根据不同的时机、不同的课内课外环境，应该确立不同的激励目的，从而分清主次，达到立竿见影的激励效果。如果激励的目的不明确，或目的单一，势必会因为目的模糊和陈旧而达不到激励效果。即使是同一激励目的，也应该在一定时间后做些方式方法上的改变，以引起和维持学生较持久的参与意识。

第二，有效性原则。课堂激发的灵活性强，但也不能随意地进行。一切激发策略的运用都要服从于教学目标的实现，并且以此作为检验激发是否有效的标准。激发在一定意义上，就是"导"的意思，通过对学生情绪、注意力、积极性的调动，使得课堂教学沿着高效的轨道运行。这一原则要求教师在实施每个激发策略时，既要讲究高超的激发艺术，更要追求激发的实际效果，不能只求外在的激发形式而忽视学生学习的实际效果。

第三，差异性原则。差异性原则，即根据不同学生的具体情况而采用不同的激励方法进行激励的原则，也可称为激励的个性原则。采用差异性原则主要是因为：首先，学生之间存在着较大的个性差异。对一个班级的每个学生而言其本身所具有的能力、气质、性格等不完全相同，有的甚至差异较大，这就决定了他们在学习中的表现有所不同，教师应根据他们的实际情况来决定是否激励以及怎样激励。例如，对于学习能力强的学生，他们完成某项任务是一件平常的事，可不予激励；而对于学习能力差的学生，他们完成同样的任务要付出更多的努力，这对他们而言是一个进步，可予以激励。其次，要坚持差异性原则，教师应采取有的放矢的办法进行激励。教师要从实际出发，根据不同的人，针对不同的事来权衡利弊，从而确保每项激励都能达到预期的效果。

第四，整体性原则。整体性原则包括两层含义：首先，教师进行激励时，应着眼于全局，争取在对某个人或某件事进行激励的同时，能够使全班学生都受到激励，从而调动全体学生的学习积极性，这有利于学校教育教学质量的提高；其次，坚持整体性原则，还要求教师在进行激励之前，对课堂管理的各项激励措施有一个整体规划，并使各项激励活动都相互促进，形成整体效应。否则，就会出现某些活动相互抵触而削弱激励的效果。

二、语文教学激发的意义

语文教学激发策略是教师在语文教学中采取多种手段激发学生的学习动机，最大限度地挖掘学生潜能，促使学生能高效地进行自主学习，以获得全面发展的教学手段。课堂激发策略的运用对于更新教学观念，优化课堂教学，提高教学质量，开发教学资源，推进教学改革，实现教育创新，培养高素质的人才，具有重要的现实意义。

第一，充分调动学生的学习兴趣，挖掘学生自身潜力。教师在课堂上如果能把握好激励学生的最佳时机，适时地赏识激励学生，对其实施发展性评价，往往会收到意想不到的效果。在以教师为主导、学生为主体的课堂活动中，教师一定要用自己的眼睛去观察，并且发现学生的每一点进步、每一处与众不同、每一次发展，并及时给予评价、鼓励和引导，让其在成功中体验喜悦，促使学生能发现蕴藏着的未曾被发现的巨大潜力，以此来实现动机的良性循环。

第二，形成良好语文教学氛围，使学生变被动接受为主动探索。语文教学从本质上讲是一个教师指导下学生积极学习、主动参与，以及独立思考的过程。学生如何参与语文教学，对于其身心发展具有不同的作用。在以学生为主体的语文教学中如果缺少了学生的主动参与，那么这种语文教学已经否定了其本身的意义，从而影响了学生在语文教学中的主体地位、主体权利和反思批判意识。

第三，有利于化解课堂中的问题行为，提高教学效率。教师所面对的教学对象是一群心智尚未成熟、个性差异较大的生命个体，首先学生的年龄特征决定了他们在课堂上注意力集中的时间是十分有限的，特别是一些学生经常会出现一些开小差的情况，如看小说、做小动作、和周围的同学讲笑话，甚至东张西望。这些情况都使得教师往往要花很大部分的精力来维持课堂纪律，同时也阻碍了语文教学的有效进行。

三、语文教学激发的课堂氛围

课堂氛围是指师生在语文教学过程中，通过情感的相互作用构成的心理环境的综合反映。它直接影响师生的教学行为、教学质量以及学生的个性发展。在语文教学中，由于师生双方的交往程度和合作水平的差异，会形成不同的课堂氛围，或欢乐，或沉闷，或高昂，或压抑等。它制约着教师和学生教与学的情绪，并对学习效果、动机、态度产生影响。同时，处在积极愉快的教学氛围中的师生，大脑皮层处于兴奋状态。教师精神振奋，思路开阔，授课艺术能得到最大限度的发挥；而学生也思维活跃，兴趣浓厚，注意力集中，学习能力显著增强。

（一）营造良好课堂氛围的作用

教学可以分为教师教和学生学两个方面，教学效果与这两个方面的作用是分不开的，而良好的课堂氛围恰恰对教与学两个方面都起到了积极作用。一方面，良好的课堂氛围可以提高教师的教学积极性；另一方面，良好的课堂氛围可以激发学生的学习积极性，在良好的课堂氛围中，学生被热烈的课堂气氛所感染，受教师灵活多样的教学方法、渊博的知识、精湛的授课艺术所吸引，为教师幽默风趣的谈吐、优雅的气质所倾倒，并在课堂上切身感受到知识的奥妙和无穷的力量，从而极大地激发学生的学习积极性和探求科学的热情。

在良好的课堂氛围中，气氛既热烈紧张又轻松团结，师生之间关系融洽、相互尊重、相互信任，畅所欲言，教师可以更好地了解学生并掌握学生的基本状况，使教学更有针对性。良好的课堂氛围还可以让"乐学型"的学生保持对学习的持续兴趣，进一步挖掘潜力；"苦学型"和"厌学型"的学生不断感受到成功的体验，增强学习兴趣和学习信心。总而言之，良好的课堂氛围可以激发教与学两个方面的积极性，从而在教学的各个环节中形成良性循环，提高教学质量。

（二）创造良好课堂氛围的因素

第一，班级人际关系。团结友爱、和谐融洽的班集体，是搞好任何一项集体活动的基础。在语文教学过程中，人与人之间发生着频繁的交往接触，因此，良好的班级人际关系显得更重要。相互协作、支持、谅解，能使人心情舒畅、配合协调，而且能够充分发挥潜能，为集体尽职尽责争先创优。

第二，情趣教学的设计。兴趣是学习中最活跃的因素，是激发人的动机的主要内在"激素"，它直接影响学生的学习情绪和反馈效果。因此，情趣教学的设计是创造良好的课堂氛围不可缺少的条件。从当前语文教学的发展趋势来看，必须完成多种观念的转变，其中重要的一点就是从枯燥学习向快乐学习的转变。情趣教学的设计，不但从教学内容的选择而且在方法手段上都应富于趣味性，要符合不同年龄、性别学生的生理、心理特点。

第三，教师的仪态服装。教师的个体形象，包括音容笑貌、举止风度以及服饰装扮，往往都会给学生带来强烈的影响。教师如果经常表现出高尚的人格尊严、高尚的品德、坚定的信念，对学生有很大的吸引力，常常成为学生效仿的目标。

第四，教师的教学作风。采取民主的教学作风，减少角色意识，是创造和谐、热烈的课堂气氛的重要因素，民主作风的形成，主要取决于师生关系的恰当处理。师生关系不是一个固定不变的模式，应根据不同的教学对象而有所不同。

第五，教学语言。语言是教师进行教育教学的载体，在教学中，教师的语言和课堂氛围密切相关。同时语言也是教师重要的基本功之一，语言对鼓励学生、渲染气氛可起到重要的作用。教学语言可分为文字语言和非文字语言（体语）两种。文字语言既要准确精练、生动形象，又要富有启发性和幽默感。要设计好哪些地方需要强调，哪些地方需要启发，哪些地方需要诙谐、幽默等。另外，还要设计好语言的感情基调、语气变化，使教学内容和师生的情感合拍。非文字语言是一种有声或无声、动态或是静态的传播信号，一般常用的有动作、表情、音响、物件等。巧妙地使用这些非文字语言，在渲染气氛、调动积极性方面，有时往往能取得文字语言无法达到的功效。

（三）创设良好课堂氛围的策略

1.强化情感因素

师爱是教育的润滑剂，是进行教育的必要条件。正因为有了师爱，教师才能得到学生的信赖，学生才乐于接受教育，教育才能收到良好的效果。要创设良好的课堂氛围，必须要活化情感因素，以学生发展为本，建立新型师生关系。这种关系旨在本着尊重学生自主性的精神，使学生的人格得到充分发展。教师以实际行动关心全体学生的成长，深入了解他们的生活个性、学习特点和兴趣爱好，与他们建立深厚的师生感情。

教师热爱学生的情感，常常会提高学生学习的有效性。教师对学生越是关心爱护，上课时学生就越信赖教师，自然而然产生和教师合作的动机，努力学好教师所教的课程。师生相互信任，做到心理相容，教师输出的各种信息就会在学生头脑里畅通无阻地出现，一种"易接受"的心理优势，使得学生"亲其师，信其道，学其理"。而学生反馈的各种真实信息，能使教师更好地调控课堂氛围，从而取得更佳的教学效果。

2.采用科学方法

采用科学的、适合学生特点的教学方法。教学改革倡导自主探究、实践体验、合作交流的学习方式，培养学生的创新精神、实践能力，以及积极的情感，变"学会知识"为"会学知识"。在教学方法上，应以学生的最大参与作为选择的目的，为学生提供学习经历，丰富学习经验，要注意展现学习思想发展的脉络，激发学生亲身经历学科建构的过程，变"被动学"为"主动学"。

3.精心设计教材

（1）应注意知识的梯度，精心设计"最近发展区"。教师在对教材的处理中要突出重点、分散难点，既有一定的知识梯度、难度，又能让学生通过自己的努力学会掌握。根据教材特点，提出对一节课起关键作用、富有挑战性的，而且学生经过努力能解决的问题，把问题作为教学过程的出发点，以激起学生已有知识结构与学习新课题的认知矛盾，唤起学生解决问题的渴望，进而激发学生的学习兴趣和迫切性。

（2）要注意每门学科知识的实际应用。在设计教学内容时，教师要从学生所熟悉的生活、实践中提炼出具体问题，这样才能极大地激发学生的兴趣，形成良好的课堂氛围。正是因为这些问题来自实际，能让学生感受到所学到的知识有用，让学生感到亲切，学生才会主动地参与到课堂学习中。

4.讲究教学艺术

教学是科学，也是门艺术，语文教学只有达到艺术效果，才能营造良好的课堂氛围。教师在教学中，板书要工整美观、布局合理、层次分明、书写规范、适时而写，唤起学生的美感；语言表达要清楚、准确，要善于运用联想、比喻等方法，形象、贴切、生动，还要富于哲理、感情真挚、有条有理、深入浅出；要善于运用身体语言，即用表情、动作、手势等进一步加深意思的表达；要适时运用幽默，它可以使人产生一种亲切感和轻松感，又可使人产生兴奋感，从而使得学生的大脑处于亢奋之中，消除了学生的疲劳，增强了学生的学习能力。当学生感到听课是一种艺术享受时，那么他们就会自然地沉浸在课堂的艺术氛围中，教学也就会取得更好的效果。

第三节　语文教学交流的实践应用

语文教学交流既与一般交流有共同之处，也有其自身的特点和类型。交流的顺畅与教学管理的有效密切关联，对于语文教学目标的实现具有不可忽视的意义。

一、语文教学交流的类型

无论是对于课堂中的教学性交流，还是生活中的人际交流而言，交流的方式是非常多样的。然而教师却可以按照一定的标准对其进行分类。具体内容如下：

（一）有效交流与无效交流

教师的语文教学是一定要讲究效果的，甚至是一直在不断地追求效益的最大化。对于教师课堂教学的重要部分——教学交流而言，也是要达到一定效果的。在语文教学中出现了较多的无效交流，教师作为主要的信息发送者应该承担主要的责任。例如，有的教师不综合考虑学生的心智发展水平、原有的知识基础等因素的制约，一味地以不适合学生接受能力的方式向学生传递在教师本人看来所谓非常简单的知识；而有的教师在上课时使用的交流方式比较单一，于是很难长时间地保持学生的注意力；还有的教师不注意锤炼自己的语言，教学语言不生动有趣，缺乏激情与活力，导致教学效果不好。当然，还有其他方面的原因，在这里就不逐一列举了。教学中出现了太多的无效交流是谁也不愿意看到的。作为"闻道在先"的教师，应该积极主动地做出多方面的努力，尽可能地减少无效交流，增加有效交流。

（二）言语交流与非言语交流

教师所理解的交流时的言语，既可以表现为口头言语的形式，也可以表现为书面语言的形式。而非言语交流则表现为面部表情、声调以及姿态等形式。在语文教学交流中，言语由于能直接表达信息发送者的思想观点，而成为师生交流的主要载体。然而只有言语的交流是远远不够的。因为人类是富于情感的高级动物，表达人类喜、怒、哀、乐的众多情感，仅仅凭言语是无法达到的。要想把人们内心的情感淋漓尽致地展现出来，更加需要非言语信息的帮助。

二、语文教学交流实践应用的要求

（一）公平对待每一个学生

要保证教学公平，就是要达到教育起点和教育过程公平。教育起点公平就是要让每一位适龄学生有学上，而教育过程公平就是让学生上质量有保证的学。语文教学作为教育过程最重要的组成部分，应该成为体现教育公平的主阵地。因此，教师在与学生进行语文教学交流时，应该让更多的学生参与进来，从而能够促进尽可能多的学生的全面而充分地发展。然而，在实际的语文教学交流中，情况却不令人乐观。

从教育学以及教育公平的角度来看，教师提问时要尽量保证照顾到每一位学生。要知道学校培养出来的学生最终要走向社会，成为建设国家的各行各业的劳动者。一个社会乃至一个国家，要实现其健康快速稳定的发展，就需要学校为其提供尽可能多的高素质的合格公民。因此，教师在进行语文教学交流时，尽量照顾到每一位学生，使每一个学生都能实现其自身的充分发展。

（二）倾听每个学生的心声

在语文教学交流这一活动中，教师和学生都是作为主体而存在。由于教师在语文教学交流中是主要信息发送者，但这并不能成为剥夺学生作为信息发送者的权利的理由。事实上，教师作为信息发送者所体现出来的"教"是为了促进学生更好地"学"。教师向学生发送各种信息，是以教师心目中所理解的学生为依据的。由于教师对学生的理解存在一定的主观性，教师心目中的学生与现实中的学生会存在一定的差距。为了实现师生之间的有效交流，就必须尽力缩小差距。一种有效的办法就是让学生实施其作为信息发送者的权利，让他们通过"说"来向教师展现他们真实的自己。因此，教师在语文教学中要为学生创造尽可能多的机会来让学生说出自己的心声。同时，在学生说的过程中，教师要认真倾听学生发言。不要觉得这样会浪费宝贵的语文教学时间，这是教师了解学生、获得教学反馈信息的良好机会，同时也是锻炼学生口头表达能力的有效办法。

（三）明晰语文教学的目标

语文教学活动是为了实现一定的教学目标而组织起来的。因此，课堂中教师与学生之间的交流需要有明确的教学目标。教师作为教学交流的主要信息发送者应该承担主要的责任，尽力在教学目标与交流之间取得平衡，尽可能地实现教学设计时预先设定的教学目标，这里并不是说教师的教学活动要始终按照预先设定的进程来进行，教师可以根据与学生交流获取的反馈相关信息，及时地对教学进程进行调整，但是这种调整也是为了能够实现整堂课的教学目标。而且在语文教学交流中，当学生作为信息发送者时，由于对授课教师整堂课的教学目标不是很清楚，加上本身的学识和能力相当有限，就不能很好地围绕教学目标来组织自己向教师和同学发送的信息。这时教师应该发挥自己作为语文教学中的主导者的作用，在学生发送的信息偏离语文教学目标时，及时地将他们引导回正常的教学轨道上来。

第四节　语文教学的智能思维延展

智能思维是现代化信息教学体现，对于现代中小学生的语言构建能力、文化传承与理解能力、审美鉴赏与创造能力、思维发展与提升能力四大语文核心素养有着非常重要的作用。语文教学的智能思维延展主要从以下方面探讨：

第一，利用智能思维创设新型情境教学。跨智是一种跨界别的智能，注重的是信息的整合。跨智思维是智能思维的重要内容之一，为此中小学语文教师在中小学语文课堂中，挖掘智能思维，可以将跨智思维与情境教学有效地结合起来，通过知识的有效迁移与信息的整合，从而实现课堂效率的有效提高。在此教学过程中，教师应该注意结合教学内容，并在情境创建的过程中整合多种信息数据，让中小学生在丰富信息环境的情境模式中，充分地调动学生的多种感官。

第二，利用智能思维构建语文知识结构。中小学语文课堂教学中涉及众多的语文知识，从生字到生词的学习，再到语言的构建、句法的学习以及作文写作手法分析。此外语文知识点具有很强的分散性，为此，语文教师在开展语文教学时，可以采用众智语文思维开展相应的教学活动。众智是指利用集体的智慧解决相应的问题，也被称为"群体智能"。为此，语文教师在开展中小学语文知识结构教学时，可以采用小组合作法，帮助中小学生构建语文知识结构。例如，教师在讲解病句的修改时，可以在电子白板上展示病句让学生分析不同病句情况，并利用小组合作的"群体智能"完善学生对于相关方面的知识结构，让学生意识到分析病句可以从句子的结构，如介词掩盖主语、句式杂糅；句子的用词，如"的""地""得"混用多个方面进行考虑。

　　第三，利用智能思维拓展语文课外知识。合智是指将人工智能与人类智能进行有机整合；善智是指好的人工智能。与之相对应的合智思维、善智思维，是指语文教师在教学的过程中应该开拓教学思路，充分地利用互联网资源，拓展学生的课外知识，帮助学生获取有效的信息。例如，中小学语文教师在讲解写作知识时，可以设置写作主题，让学生利用网络资源寻找相关的事迹、范文、名言警句，并在写作课堂教学中有效地将各类信息进行整合分析，丰富学生的写作素材。

参考文献

[1] 沈芸. 初中语文课堂教学研究与实践 [M]. 长春：吉林大学出版社，2020.

[2] 莫林辉. 浅议《学记》里的语文教学原则 [J]. 亚太教育，2015（3）：27.

[3] 陈淑丽. 谈语文教学原则 [J]. 新课程·上旬，2014（4）：11.

[4] 刘金生，张莉敏，杨兰萍. 初中语文教学课堂设计探究 [M]. 长春：吉林人民出版社，2020.

[5] 齐进. 浅谈小学语文精读课"导学案"设计原则 [J]. 学周刊：下旬，2013（3）：1.

[6] 宗建霞. 浅议语文课堂教学环节的科学"调控"[J]. 作文成功之路（下旬），2016（5）：3.

[7] 王文永，董纪敏. 小学语文略读课教学的有效策略 [J]. 教育与教学研究，2011，25（7）：4.

[8] 高筱卉，赵炬明. 合作学习法的概念、原理、方法与建议 [J]. 中国大学教学，2022（5）：87.

[9] 孙英凤. 语文教学与写作研究 [M]. 西安：世界图书出版西安有限公司，2017.

[10] 刘吉才. 指向表达的小学语文教学 [M]. 北京：中国书店，2019.

[11] 徐凤杰，刘湘，张金梅，等. 小学语文教学生活化的策略与研究 [M]. 长春：吉林人民出版社，2021.

[12] 吕倩云. 基于核心素养的小学语文读写结合策略探究 [J]. 名师在线，2022（20）：49.

[13] 高勇. 新课改背景下中小学语文课堂教学管理策略研究 [J]. 新课程·下旬，2019（4）：237.

[14] 王文永，董纪敏. 小学语文略读课教学的有效策略 [J]. 教育与教学研究，2011，25（7）：4.

[15] 王馨. 现代教育技术与小学语文教学 [M]. 北京：高等教育出版社，2011.

[16] 王旭明，冯渊，龙祖胜，等. 中小学语文教学存在的主要问题及对策研究 [J]. 语文建设，2014（8）：4-18.

[17] 肖世才. 中小学语文启发式教学的科学化实践 [J]. 现代中小学教育，2015，31（8）：16-18.

[18] 熊开明. 小学语文新课程教学法 [M]. 北京：首都师范大学出版社，2010.

[19] 杨世平. 新课改下初中语文教学艺术谈 [M]. 长春：吉林人民出版社，2019.

[20] 叶丽青. 提高高中语文教学质量的有效策略 [J]. 中学课程辅导（教师教育），2019

（24）：2.

[21] 张吉宏 . 核心素养视域下小学语文翻转课堂教学研究 [J]. 新课程，2022（26）：46.

[22] 张先亮 . 高中语文教学质量目标设定与标准监控研究 [M]. 北京：语文出版社，2012.

[23] 张玉武 . "复盘式"评课——中小学语文评价的新视角 [J]. 中小学教师培训，2013（3）：
45-46.

[24] 赵凌澜 . 小学语文写话教学研究 [D]. 桂林：广西师范大学，2017.

[25] 柳舒 . 小学阅读课程文体研究 [M]. 成都：西南交通大学出版社，2019.

[26] 罗文平 . 中小学语文教师的精神特质分析 [J]. 教育探索，2018（5）：96-99.

[27] 吕珈臻 . 小学语文阅读能力发展策略研究 [M]. 福州：海峡文艺出版社，2019.

[28] 莫莉 . 新课程小学语文教学的理论与实践 [M]. 昆明：云南大学出版社，2015.

[29] 饶满萍 . 小学语文教学设计与实施 [M]. 成都：西南交通大学出版社，2019.

[30] 任翔 . 中小学语文教育改革研究的基本构想 [J]. 语文建设，2014（6）：4-7.

[31] 任翔 . 中小学语文教育改革之意义 [J]. 语文建设，2013（5）：20-23.

[32] 申晓辉，赵翠明 . 小学语文课程标准与教学 [M]. 苏州：苏州大学出版社，2015.

[33] 沈芸 . 初中语文课堂教学研究与实践 [M]. 长春：吉林大学出版社，2020.

[34] 苏新春，龙东华 . 中小学语文教材话语体系的建构及意义 [J]. 厦门大学学报（哲学社
会科学版），2020（6）：29-39.

[35] 孙德玉 . 探寻初中语文教学之路 [M]. 成都：电子科技大学出版社，2014.

[36] 孙园园 . 中小学语文知识的多维建构 [J]. 语言文字应用，2022（1）：108-118.

[37] 朱宪忠 . 浅谈小学精读课文的教学 [J]. 散文百家，2020（23）：67.